Der deutsche Abrogans

Text *ab₁

Herausgegeben

von

Georg Baesecke

Max Niemeyer Verlag

Halle (Saale)

1931

Altdeutsche Textbibliothek, begründet von H. Paul †,
herausgegeben von G. Baesecke
nr. 30

Druck von Karras, Kröber & Nietschmann Halle (Saale)

Vorwort.

Dies Heftchen soll versuchen, unsern Studenten endlich auch einmal einen ahd. Glossentext und zugleich unser ältestes wirkliches Buch zugänglich und in seiner Art, mit seinen sprachlichen und literarischen Fragen verständlich zu machen.

Die Einleitung beruht ganz auf meinem Buche über den „Deutschen Abrogans und die Anfänge des deutschen Schrifttums", Halle 1930, das mit Hilfe seiner Register leicht zur Begründung und Erläuterung herangezogen werden kann, auch die übrige Literatur verzeichnet und so alle Anmerkungen erspart; der Text außerdem auf der möglichst gleichzeitig [Beitr. 55, 321 ff.] erscheinenden grammatischen Darstellung des Überlieferten.

Halle, 13. Dezember 1930.

Georg Baesecke.

Einleitung.

Als Abrogans bezeichnet man ein aus dem Altertum
überkommenes lateinisch-lateinisches Wörterbuch nach
dem ersten darin erklärten Worte (Lemma), ein in der
lateinischen Lexikographie allgemeiner Gebrauch. Es
ist das Ergebnis langwieriger Mischungen und Ent-
mischungen, deren letzte sich noch in unsern Handschriften ablesen lassen. Auch der Titel, den es da
führt, „Glossen aus dem Neuen und Alten Testamente"
(s. Text 2, 1) beruht auf der Zutat der Erklärung bib-
lischer Namen (G. Goetz, Corpus Glossariorum Latinorum,
S. I, 217ff.) und täuscht eine kirchliche Haltung vor, die
sein alter Text nicht hatte. Es ist vielmehr nächst verwandt
mit andern alten Wörterbüchern, dem Abavus (minor,
Goetz, IV, 299ff.), Affatim (Goetz, IV, 471ff.) und den
Glossaren des Sangallensis 912 (Goetz, IV, 199ff.) und
Amplonianus II (Goetz, V, 257ff.), die im Abavus maior
zusammengeronnen sind und auf wieder andere Wörterbücher zurückgehen, aber auch unmittelbar aus Quellen-
schriften geschöpft haben können. Den Abavus maior
finden wir bei Goetz nur in kargen Proben (IV, 589ff.),
den Abrogans überhaupt nicht, so daß wir für seine
Vorgeschichte und Geschichte auf mühsame und unsichre
Konstruktionen angewiesen sind. Eine Vorform wird
einst einer antiken Schule zur Erklärung erloschener
oder schwieriger Worte der alten Schriftsteller gedient
haben, und wir können eine solche in dem süditalischen
Kloster Vivarium (Squillace) vermuten, das Cassiodor,
der Kanzler Theoderichs des Großen, gründete und mit
einer kostbaren Bibliothek ausstattete. Sein humaner

Geist, wie wir ihn in seinen Institutiones divinarum et
saecularium lectionum erkennen, läßt die profane Bildung
an den Alten als Grundlage der theologischen zu, regelt
und adelt die philologische Arbeit daran und vererbt
sich dann erhaltend und erwärmend in die Ordensregel
und die Klöster des hl. Benedikt. Nach Vivarium drangen
die Langobarden nicht, die sonst in Italien die gesamte
Klosterkultur wüste legten, und von dort wurde ein
großer Teil der alten Bücherschätze in das erste Kloster
hinübergetragen, das im arianischen Langobardenreiche
neu erstand, das katholische Bobbio, die Gründung des
Iren Kolumban vom Jahre 612. Theudelinde, die Gattin
des Königs Authari, von dessen Werben die Dichtung
berichtet, selbst Katholikin und einst bairische Prinzessin,
hatte den Erwerb vermittelt, und so kam mit dem gotischen
Bibeltexte der ambrosianischen Handschriften auch jene
Vorform unseres Wörterbuches nach Norditalien. Seine
Aufgabe ist jetzt mehr pädagogisch als literarisch: der
andringenden Vulgärsprache gegenüber das Hochlatein
der Kirche zu verteidigen, den Wortschatz zu erhalten,
dem Stil mit vornehmen Worten aufzuhelfen. Wahrscheinlich ist dazu dann auch manches der theologischen
Literatur entnommene und manches trivialere Lemma zugefügt. Deutlicher wird uns dieser Schulbetrieb und seine
Richtung daran, daß alte Handschriften von Vivarium
in Bobbio radiert und mit grammatischen Schriften neu
bedeckt sind. In solchem Geiste könnte hier, nicht
vor dem Ende des 7. Jahrhunderts, der lateinische
Abrogans zusammengestellt sein.

Auch im folgenden Jahrhundert sehen wir jenen Geist
Cassiodors und Benedikts am Werke: wir gewinnen,
besonders aus dem Regelkommentar des Paulus Diakonus,
einen Einblick in das Leben des Klosters Civate am
Komersee, wo er Lehrer war, und Schriften des Patriarchen
Paulinus von Aquileja vermitteln uns sogar einen Ab-
glanz theoretischen Unterrichts nach antiker Überlieferung. Denn die hatte sich innerhalb des Lango-
bardenreiches in den Rhetoren- und Juristenschulen der
von der Neueinteilung des Landes nicht betroffenen

Städte freier von kirchlicher Vormundschaft als bei den
Franken fortspinnen können. In Pavia und seiner Hof-
schule fließt beides zusammen. Dort hat unter König
Ratchis (744—49) Paulus Diakonus gelernt, der den
Gipfel langobardischer Bildung darstellt und sie dann
auch an den Hof Karls des Großen übertrug. Spuren
seiner lexikographischen und grammatischen Tätigkeit
finden sich in vielen seiner Schriften, die Hauptleistung
aber ist, daß er das Lexikon des Festus bearbeitete (und so
die eine Hälfte allein rettete), der seinerseits auf das
Werk de verborum significatu des Verrius zurückgeht:
hier reicht eine zweite Kette bis in die Zeit des Augustus
zurück. Pauls Lerngenosse könnte der junge aus Freising
entsandte Arbeo gewesen sein, der Verfasser der Lebens-
beschreibungen der Heiligen Korbinian (frühestens 765)
und Emmeram (772) und damit der erste deutsche
Schriftsteller, den wir namentlich kennen. Er war als
Baier in der Nähe der langobardischen Grenzfeste Meran
spätestens 724 geboren und wahrscheinlich von Jugend
auf auch des romanischen Lateins mächtig. Sein ‚nutritor'
war Ermbertus, seit 739 Bischof von Freising, der ihn
wohl auch dorthin hat verpflanzen und die insulare Schrift
lehren lassen, in der er im Clm 6297 seinen Namen
aufzeichnet. Als Zeuge tritt Arbeo zuerst 747 in Urkunden auf, als Schreiber von 754—63, seit er archi-
presbiter ist. Er erhält 763 Kirche und Kloster des
tirolischen Scharnitz zur Leitung, ist von 764—83
Freisinger Bischof (der als solcher den größten Teil
seiner Urkunden seiner langobardischen Lehrzeit gemäß
selbst juristisch ausstattet, stilisiert und diktiert) und
stirbt 783 oder 784.

Wir erkennen seine Bildung aus den beiden Lebens-
geschichten wie aus jenen Urkunden als der Pauls nächst
verwandt, besonders auch im Einflechten glossographischer
Weisheiten. Aber die Ähnlichkeit ist vielfach entstellt
durch eine barocke Überladung, die er mit dem ebenfalls
langobardischen Paulinus teilt, und einen phantastischen
Umstellungs- und Verdunklungsstil, der von dem gas-
cognisch-irischen Grammatiker Virgil herrührt und durch

Arbeos Vorgesetzten und Vorbild, den irischen Erzbischof Virgil von Salzburg, vermittelt ist. So ergibt dieser Zusammenfluß antiken, romanischen und irischen Lateins ein Ungeheuerliches zugleich an literarischer Überschmückung wie mundartlicher Verwahrlosung, das jedes Verständnis aufs schwerste hindert.

Dieser Arbeo dürfte den lateinischen Abrogans aus Italien, und zwar, wie sich aus der Vita Corbiniani vermuten läßt, aus Pavia heimgebracht und dann als Bischof eine Übersetzung ins Deutsche veranlaßt haben: um seine Kleriker Vokabeln zu lehren, besonders die kostbaren, die er als modisch-barocken Stilaufputz begehrte. Sie wurde zwischen die Zeilen geschrieben, unsinnigerweise über die Lemmata ebenso wie über ihre Interpretamenta, so daß nun jedes Lemma mindestens dreifach erklärt erscheint, nämlich durch das oder die lateinischen Interpretamenta und durch die übergeschriebenen Verdeutschungen von Lemma und Interpretamenten, ohne daß doch die Lemmaübersetzung noch dem Lateinischen entsprechend durch die Interpretamentübersetzungen erklärt würde. Das ergibt unerhörte Anforderungen an die Synonymik, und da die Worte vielfach unbekannt oder unvollkommen erraten sind, auch im Deutschen kaum ein grammatisches System vorhanden ist, in das die Flexionsformen eingeordnet werden könnten, so ergeben sich zahllose schwere Mißgriffe z. T. lächerlicher Art. Die Spuren des neuen Stils finden wir seit 769 bei Arbeos Urkundenschreibern, freilich aber bleibt meist fraglich, wie weit sie die Übersetzung des lateinischen Abrogans zur Vorbedingung haben. Daß diese aber zwischen 754 und 769, und zwar in Freising entstanden ist, läßt sich aus dem Vergleich ihres Lautstandes und ihrer Orthographie ($oa < \bar{o}$, Verschiebung des inlautenden g zwischen Vokalen, Anwendung des Zeichens k) mit denen der deutschen Namen erschließen, die die Freisinger Urkunden, freilich auch erst in der Umschrift des Mönches Kozroh von etwa 825 enthalten. Sicherer ist vielleicht die auch anderweit feststehende Beziehung auf Arbeo, und sie würde dann wohl als obere Zeitgrenze 764, das Jahr seines Regierungsantritts ergeben.

Hiermit geschah die Begründung des deutschen Schrifttums, das also nicht auf einer „Renaissance", wie nachmals das Karlische beruht, sondern die antike Überlieferung unmittelbar fortsetzt, daher es denn auch noch seine unkirchliche Art hat.

Von dieser Urfassung *O unsres Deutschen Abrogans, die also aus einem übernommenen lateinischen Grundtexte *Ol und der zwischen die Zeilen übergeschriebenen Übersetzung *Od bestand, wurde alsbald (nach ihrer *k*-Schreibung vor 772) eine Abschrift genommen, noch in Freising, die dann der Archetypus unsrer Überlieferung geworden ist. Kopien davon gelangten in verschiedenen Stufen nach Murbach, St. Gallen, Reichenau, Regensburg, wohl schon unter dem Druck der Admonitio generalis von 789, durch die Karl die neue Übersetzertätigkeit im Dienste der Kirche heraufführt. Dabei ist das alte Werk Schritt vor Schritt erneuert. Nicht nur, daß seine Sprachformen der Lautentwicklung folgten und auch je nach Sprech- und Schreibart der neuen Heimat umgestaltet wurden, es begann auch alsbald eine Ausmerzung der schlimmsten Fehler, beides freilich keineswegs folgerecht. Eine besonders einschneidende Bearbeitung stellen die Samanunga uuorto vor, wie sie sich selbst nennen; der Titel Glosas Hrab. Mauri, den die einzige vollständige, vermutlich Reichenauer Handschrift voranstellt, ist schon aus Zeitgründen unmöglich, da das Werk bereits um 792, und zwar in Regensburg entstanden sein wird. Aber auch hierbei ist man nicht stehen geblieben, hat vielmehr die ganze Anordnung geändert: es galt ja nicht mehr, Vulgärlateinern Hochformen beizubringen, sondern — eine zweite Änderung des einstigen Zweckes — Deutschen als lateinisch-deutsches Lexikon bei ihren Übersetzungen zu dienen, und dazu mußten die Interpretamente mit ihren Verdeutschungen von den Lemmaten mit ihren Verdeutschungen getrennt und an ihren Platz im Alphabet gestellt werden: *Abrogans humilis* z. B., das bis dahin mit seinen Über-

setzungen *aotmoat samftmoat* unter A stand, zerlegt
sich nun in *Abrogans aotmoat* unter A, *humilis samftmoat* unter H. So geschehen z. B. in der Handschriften-
gruppe $\gamma\delta$ der Samanunga. Gleichzeitig erfüllt sich
das gewöhnliche Geschick der Glossare: Verkürzung
durch Faulheit, Erweiterung durch Parallelübersetzungen
und Kontaminationen, Verzettelung in andre Glossare usw.

Diejenige Handschrift, die uns die ursprünglichsten
Formen bewahrt, Pa oder a genannt, Cod. lat. 7640 der
Pariser Nationalbibliothek, gehört gleichwohl paläo-
graphisch erst in die Zeit um 810. Sie wird in Murbach
entstanden sein, das schon die Verdeutschungen der
Isidorischen Sippe und außer den Juniuswörterbüchern
(Ja Jb Jc), neuerdings Umschriften von Reichenauer
Hymnen- und Psalterinterlinearversionen (H und Ps)
entstehen sah und das, schon durch Alcuin ausgezeichnet,
unter den Augen seines kaiserlichen Abtes ein Mittel-
punkt der neuen Übersetzertätigkeit geworden sein muß.
Und wenn Pa unmittelbar aus dem Archetypus abgeschrieben ist, läßt sich vermuten, daß das auf einem
besonderen Befehle Karls beruht, der von dem alten
Wörterbuche ebenso eine authentische Fassung haben
wollte, wie er sie sich von der Benediktinerregel und
dem Sakramentar Gregors des Großen als Grundlage
seiner Texte beschaffte.

Die zweite Haupthandschrift ist K = b = Cod. 911
der Stiftsbibliothek von St. Gallen, aus dem Ende des
8. Jahrhunderts. Die Bezeichnung K erinnert an den
Glauben, daß diese Handschrift eine Originalarbeit
sei und der St. Galler Mönch Kero ihr Verfasser, beides
gleich haltlos, aber der Grund, unser Wörterbuch bis
in die jüngste Zeit als Keronisches zu bezeichnen. b
zerfällt in zwei sprachlich scharf geschiedene Teile, b_1
und b_2 oder Ka und Kb, und da sich an ihrer Grenze
nicht auch eine Grenze der Schreibformen zeigt, so muß
diese Scheidung auf die Vorstufe $*b = *b_1 + *b_2$ zurückgehen. Auch diese Handschrift hat man in Murbach
anzusetzen, und sie verstärkt den Eindruck der Bedeutung
des Ortes. $*b_1$ wetteifert an Altertümlichkeit mit a, $*b_2$

modernisiert in vielen Dingen stark, und so entsteht der Eindruck, daß *b₁ beträchtlich älter sei, wiewohl beide Teile in dem Jahrzehnt von 790—800, vor und nach der Isidorübersetzung entstanden sein werden.

c, in der Reichenauer Handschrift CXI der Karlsruher Landesbibliothek, setze ich zwischen 802 und 817 an. Eine zweite Hand (c²) hat Verbesserungen angebracht, die Benutzung der Vorlage verraten.

i, in Cod. 434 der Lobkowitzschen Bibliothek zu Prag, alemannisch vom Anfang des 9. Jahrhunderts, enthält nur wenige Worte des Anfangs.

Alles Übrige steckt gruppenweis oder vereinzelt in andern Wörterbüchern, z. B. d und ϑ in dem Glossar Jc, ef$\varepsilon\zeta$ in dem Glossar ReJb, und es ergibt sich, daß schon früh kontaminierte Fassungen des Abrogans vorhanden gewesen sind. Wir verfolgen das nicht weiter, sondern stellen das Verwandtschaftsverhältnis nur graphisch dar: vgl. dazu S. XII.

Höchst bezeichnend ist, daß dies altbairische Wörterbuch mit Ausnahme der wenigen Worte von g h γ δ η in alemannischen oder alemannisch-fränkischen (murbachischen) Handschriften erhalten wurde, daß das Bairische sonst nur bis zu den Vorstufen *bc, *ci, *d₂h, *$\varepsilon\vartheta$ herabreicht: darin spricht sich noch einmal aus, daß der Abrogans von Karl seinen Verdeutschungszwecken dienstbar gemacht ist.

Aus dem Handschriftenstemma, insbesondre daraus, daß a unmittelbar auf den Archetypus *aϑ zurückgeht, könnte man auf die Hoffnung kommen, der ganze Urtext müsse sich in seinem Wortlaut herstellen lassen. Man sieht aber bald ein, was allgemein als selbstverständlich zu gelten scheint, daß das unmöglich ist.

Zumal für die lateinischen Teile. Wenn wir schon den Bestand des alten rein lateinischen Abrogans nur vermutungsweise aus dem Vergleich andrer Wörterbücher gewinnen, wieviel weniger Hoffnung können wir für den Wortlaut haben! Denn wenn es auch feststeht, daß unsre lateinisch-deutschen Handschriften, je jünger sie sind, im allgemeinen desto reinere Latinität haben, so ist es

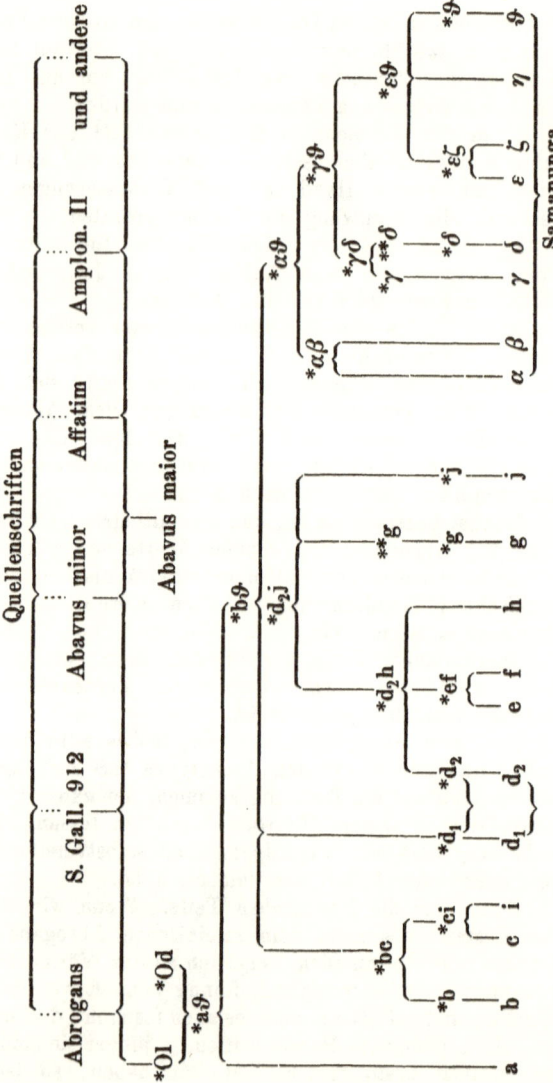

doch nicht damit getan, daß man die unreinsten Formen
als älteste in den Text setzt, denn es ist ebenso sicher,
daß in der vorausliegenden Überlieferung einmal die
älteren Texte richtiger waren, daß die Verschlechterungen
in den einzelnen Provinzen des Lateins verschieden stark
und verschiedener Art waren und daß wir für Be-
stimmung des Punktes innerhalb dieser sich kreuzenden
Linien, auf dem *Ol steht, auch dann wahrscheinlich
keine Mittel hätten, wenn das Corpus Gloss. Lat. den Stoff
böte und wir das Latein jener Zeiten besser kennten.
Es genügt aber für unsere Zwecke reichlich, zu wissen, daß
*Ol im allgemeinen auf der Linie zwischen den Les-
arten der verwandten lateinischen Wörterbücher und
denen von a—ϑ liegt, und wo beide Teile in Fehler-
haftem übereinstimmen, ist ja ohnehin der Text von *Ol
eindeutig gegeben.

Was *Od betrifft, so muß der Verlust der zweiten
Hälfte von a uns von vornherein auf die erste (Steinmeyer-Sievers, Die ahd. Glossen, I, 2—198, 10) be-
schränken. Für dies Stück scheint es zunächst, daß
man bei dem einfachen Verhältnisse

$$\overset{\frown}{a\ \ b}\ \overset{\frown}{c}$$

die Herstellung nach den einfachen Formeln *aϑ = a
+ b + c, *aϑ = a + b, *aϑ = a + c Nummer für
Nummer müsse erledigen können und daß Entscheidungen
nur bei einem Gegenüber von a und b + c, a und b,
a und c zu treffen wären. Aber die Versuche ent-
täuschen: die Ergebnisse sind uneinheitlich und unsicher,
offenbar weil die Handschriften im Verlauf mannigfaltiger
Entwicklungen im einzelnen zu verschiedenartig durch
Eigenmächtigkeiten entstellt sind. Nur besondre Um-
stände scheinen für ein Teilstück, I, 2—44, 9, d. h. soweit
Ka = b$_1$ reicht, den Rückschluß auf *aϑ leidlich zu
sichern: daß b$_1$ besonders altertümlich und durch den
Gegensatz zu dem erneuernden b$_2$ (44, 10 ff.) oft sogar
seine Vorstufe *b gegeben ist, daß a andersartig altertümlich und vermutlich unmittelbar aus dem Archetypus
abgeschrieben ist. Dazu kommt die Kontrolle durch c

und etwa auch die übrigen Handschriften, namentlich aber der Vergleich der in den folgenden Teilen des Abrogans (44, 10 ff.) überlieferten Formen. Und schließlich läßt sich, wenn man weiß, wann und wo die Handschriften und ihre Vorstufen entstanden sind, manches ausschalten, was nach Ausweis gleichzeitiger und gleichortiger Überlieferungen geändert oder zugefügt erscheint. Mit diesem Stück *ab₁ wollen wir es also versuchen. Daß man aber auch da nicht überall zu Sicherheit gelangt, ist selbstverständlich und muß hingenommen werden. Von vornherein setzt ja ein solcher Versuch die Annahme voraus, daß *Od eine gewisse Regelmäßigkeit der Schreibung innehielt, mochte es nun von einem oder mehreren Übersetzern herrühren: sonst wären ja Analogieschlüsse von einer Mehrzahl von Fällen auf eine Minderzahl nicht möglich, und die lassen sich selbst bei feinster Differenzierung des Vorkommenden nicht vermeiden. Aber diese Annahme ist doch wohl nicht so unnatürlich, wie sie herkömmlicherweise erscheint. Die umfänglichsten Stücke unsrer Überlieferung, IsTON, sind, wie man oft rühmend hervorgehoben hat, von erstaunlicher Einheitlichkeit; wo man wirklich einmal in das Gewirr der Glossenüberlieferung vorgedrungen ist — wie Schröter in Walahfrids Deutsche Bibelerläuterung —, hat sich das Gleiche herausgestellt, und die Kanzlei Kozrohs in Freising wie die Walahfrids in Reichenau lehren es abermals. Das Durcheinander von Formen, das die Glossenhandschriften meist darbieten und das die grammatischen Angaben gerade über die ältesten Sprachdenkmäler so schwer entstellt und mißverständlich macht, es ist größtenteils Schuld der Überlieferung, und ich glaube, daß man mit Hilfe der braven philologischen Methode dahin kommen kann, die allgemeinen grammatischen Feststellungen mit einiger Sicherheit auf den einzelnen Fall anzuwenden.

Es braucht sich dabei keineswegs ein Leblos-Gleichmäßiges zu ergeben wie etwa die Rekonstruktion des Urgermanischen in unsern Grammatiken. Vielmehr sehen wir neben sonst bereits ausgestorbenen Vorzeitformen

wie den konsonantischen *nt*-Stämmen und den *ō*-Stämmen
mit erhaltener Nominativendung, neben vielerlei Alter-
tümlichkeiten und Besonderheiten (Fehlen des *a*-Umlauts,
ai, *ao*, die *c*- und *g*-Orthographie) manches in Entwicklung (z. B. *th* > *d*, -*emu* abc neben -*emo* abc, *far*-
neben *for*-) und manches in erstaunlich frühem Verfall
(z. B. die Endungs-*u*, Abfall von ausl. *t* nach Konsonant);
sogar für die soziologische Betrachtung nach Art der
Mundartenforschung fällt einiges ab (verschiedene Be-
handlung des *p* in *sarpf* und *uuerfan*. Wie ich denn
überhaupt der Meinung bin, daß die Festigkeit gewisser
ahd. Sprachtypen soziologisch bedingt ist.)

Um derartiges nicht entstellend auszugleichen, habe
ich überall, wo Schreibirrtümer auf eine Sonderform des
Archetypus schließen lassen und wo abc trotz ihrer
starken Verschiedenheit in einer Abweichung vom er-
mittelten Regelmäßigen übereinstimmen, das als Finger-
zeig genommen und lieber durch Unterteilungen kleinere
Regelmäßigkeiten zu gewinnen gesucht, als nach den
größeren ausgeglichen.

Die letzte Beschränkung der Rekonstruktion des
Textes schließlich, daß sie nämlich nicht bis zum
Original des deutschen Wortlauts emporschreitet, sondern
beim Archetypus Halt macht, sie ist wohl darin aus-
reichend begründet, daß jenseits der Aussagen unsrer
Handschriften nur jenes Schematische übrig bliebe und
der sich ergebende Text von dem unsrigen nur durch
jene Regelmäßigkeit unterschieden sein würde, die wir
uns ja gerade nicht aufdrängen lassen mochten. Und
wollten wir sie dadurch beleben, daß wir durch die in
der Überlieferung kenntlich gebliebenen Ungleichmäßig-
keiten sozusagen Linien legen, sie nach rückwärts verfolgen und für den Text maßgeblich machen, so würde
das zu noch künstlicheren Regelmäßigkeiten führen,
wer aber könnte sagen, daß nicht dort, wo der Archetypus die Lautgebung einheitlich gestaltet, wiederum
das Original noch in einer Entwicklung war? Wir
verzichten also und machen (in Anmerkungen) nur dort
Vorschläge zur Herstellung von *O, wo sich ein Unter-

schied von *aϑ und *O wahrscheinlich machen läßt.
Man könnte dann den *aϑ-Text und die Anmerkungen
zusammen allenfalls einen *O-Text nennen.

Das alles sind starke Abstriche von unsern Hoff-
nungen, indessen bleibt ja die Bahn für alles Erweitern
und Verbessern frei, wie andrerseits jeder nach wie
vor seinen Steinmeyer hat. Ohne die Hoffnung, so
zwei Jahrzehnte über das älteste bairische Original, fast
ein Menschenalter über die ersten karlischen Texte ins
Dunkel vorzustoßen zu einem Sprachzustand, den wir
aus Namen mehr ahnen als kennen, ohne solche Hoffnung
würde man allerdings wohl Unsicherheit und Mühe nicht
in rechtem Verhältnis zum Gewinn finden.

Zur Einrichtung des Textes bleibt dann noch
Folgendes zu bemerken.

Die erste und fünfte Spalte enthalten die Zählung nach
dem ersten Bande von Steinmeyer-Sievers' Ahd. Glossen:
auf dieser Ausgabe (mit den Verbesserungen und Nachträgen!) beruht mein Text, soweit mir nicht meine
‚Lichtdrucke nach ahd. Handschriften‘ (Halle 1926) zur
Verfügung stehen.

In der zweiten Spalte sind unter Q(uellen) die Entsprechungen zum lateinischen Teil des Abrogans verzeichnet, die das Corpus Gloss. Lat. ed. Goetz enthält,
ohne Stellennachweise, weil sie in dem alphabetischen
Thesaurus Glossarum emendatarum (Goetz, Bd. VI f.) leicht
zu finden sind. Die Wörterbücher, die für solche Verwandt-
schaft als erste Gruppe in Betracht kommen, sind bezeichnet mit A = Abavus (minor), A₂ = Abavus maior,
Aff = Affatim, A II = Amplonianus II, G = Sangallensis
912. Dazu kommen gelegentlich AA, Ab absens, Cod.
Cassinensis 90, Glossae Leidenses (Voss Q. 69), Liber
Glossarum, Gll. Scaligeri, Codd. Vaticani 1468. 1471. 1773.
3321, Glossae Vergilianae. Die hinter die Worte gestellten
Zahlen deuten hier wie in andern Spalten die Reihenfolge
der Handschrift an. G = Goetz, Corpus Gloss. Lat. Diese
Wörterbücher sind großenteils in mehreren Handschriften
überliefert, und Goetz führt deren Abweichungen von dem
zugrunde gelegten Text im kritischen Apparat auf. Sie sind

hier durch kleine Buchstaben neben der Benennung der
bei Goetz ganz abgedruckten Haupthandschrift gekennzeichnet. Diese Unterhandschriften kommen besonders für
lautlich unkorrekte Formen und Sinnesfehler in Betracht,
die durch ihre Wiederkehr in *O die Verflochtenheit
mit der alten Überlieferung bezeugen. Sonst deuten
Klammern oder Punktreihen überschüssige, nicht zum
Abrogans stimmende Teile eines Interpretaments an.
Finden sich Entsprechungen in mehreren Wörterbüchern,
so sind diese nur soweit einzeln aufgeführt, als sie zu
den oben in erster Linie genannten gehören; ein Pluszeichen deutet an, daß auch noch in andern Entsprechungen vorhanden sind. Denn die Aufführung
unter Q bedeutet nach dem S. v Gesagten nicht, daß
alle die genannten Wörterbücher mit ihren Einzelhand-
schriften Quellen des Abrogans gewesen wären — die
Handschriften sind großenteils jünger als unsere —,
vielmehr rührt diese Zersplitterung, wie ich glaube,
daher, daß der Abavus maior, in dem alle diese Wörterbücher neben ihrer Einzelüberlieferung zusammengefaßt
erscheinen, bei Goetz nur durch die Buchstaben B und
G vertreten ist, also für unsern auf das A beschränkten
Textteil ausfällt. Lücken der zweiten Spalte bedeuten
also auch nicht ohne weiteres, daß da der Kompilator
des Abrogans Eignes biete: das Nächstliegende bleibt,
daß die Quelle bei Goetz nicht mit erfaßt ist. Und so
ist auch dort, wo Wörterbücher der zweiten Gruppe
genannt werden, nicht die Meinung, daß der Abrogans-
kompilator sie nebenher herangezogen habe, vielmehr
zeigt ihr Auftreten (wie auch die Pluszeichen), daß der
Stoff der eigentlichen Vorlage auch anderweit verbreitet
und daß Goetzens Werk natürlich unvollständig ist.
Womit aber nicht geleugnet sein soll, daß unser *Ol
auch selber gelegentlich Neues und Eignes eingeführt
oder aus besondern Quellen entnommen haben könnte,
wie z. B. die biblischen Namen. Wo die Spalte doppelt
und mehrfach besetzt ist und so besonders längere Inter-
pretamentreihen des Abrogans auf mehrere Lemmata
zurückführt, zeigt sich seine Art des Zusammenfügens

und Bearbeitens, die im Verein mit jenen fortgepflanzten
Fehlern die Vorstellung eines ‚Verfassers‘, wie sie
Kögel, Henning und andre bis auf Steinmeyer und trotz
Steinmeyer später noch manche andre hatten, so gut wie
ausschließt.

Diese Spalte würde vielleicht durch Lindsays Glossen-
korpus über kurz oder lang manche Umnennung der
Quellenangaben erfahren können, vielleicht auch ein-
heitlichere Zusammenfassung, sachlich dürfte das Bild
dadurch wenig geändert werden, solange man nicht d i e
Vorlage und ihre Einordnung in die lateinische Abrogans-
überlieferung ermittelt hat.

Die dritte Spalte enthält das lateinisch-lateinische
Abroganswörterbuch, das die Vorlage der ahd. Übersetzung war, nach dem zuvor (S. xi f.) Gesagten aber
nicht in hergestelltem ursprünglichem Wortlaut, sondern
nach den Lesarten, die unsere lateinisch-deutschen Handschriften davon bieten. Sie sind von a bis i vollständig,
von den Samanungahandschriften α bis ϑ nur soweit
gegeben, als ihnen ein Lemma der übrigen und eine
deutsche Übersetzung der Samanunga entspricht. Die
Handschriften werden im allgemeinen nicht besonders
bezeichnet, wo alle überliefernden übereinstimmen; sie
sind aus Spalte 6—9 zu erkennen. : bedeutet Rasur,
| Verstümmelung.

Die vierte Spalte enthält die Herstellung der deutschen
Bestandteile des Archetypus *aϑ, das Ziel all dieser
Überlegungen. Dabei ist alles, was nicht wenigstens eine
Handschrift bietet, durch Schrägdruck gekennzeichnet,
wo es sich um Änderungen, durch eckige Klammern,
wo es sich um Streichungen handelt, so daß nirgends
eine Vermutung als Überliefertes zugeschoben wird.

Die sechste, siebente und achte Spalte bringen die
Lesarten der drei Haupthandschriften a, b und c mit
Auflösung der eindeutigen Abkürzungen, Regelung der
Majuskeln und Wortspatien, Streichung der Interpunk-
tionen außer wo ein besondrer Hinweis beabsichtigt ist.

Die neunte und letzte Spalte vereinigt die wenigen
heranziehbaren Worte von d—i mit denen der Samanunga-

handschriften. α überwiegt dabei so stark, daß Worte ohne Herkunftsangabe dadurch als aus α entnommen bezeichnet sein sollen. Überlieferungen, die bei Steinmeyer an andrer Stelle gedruckt stehen, erhalten zur Kontrolle seine Nummer.

Die Anmerkungen bringen Angaben über Besonderheiten, Rasuren und Verbesserungen im Text, soweit sie für die Herstellung bedeutsam scheinen, besonders die Änderungen zweiter Hand in c (c^2); dazu die lateinischdeutschen Zusätze der Samanunga und die Vorschläge zur Herstellung von *O.

Wieder hat mein Freund und Kollege Specht eine Korrektur mit gelesen und manchen Hinweis gegeben. Einiges davon findet sich unter den grammatischen Nachträgen und Berichtigungen (zu Beitr. 55, 321 ff.) auf S. 78.

T e x t.

	Q	$a-\vartheta$ lateinisch	$*a\vartheta$ deutsch
2, 1		INCIPIUNT CLOSAS EX NOUO ET UETERIS TESTAMENTI	
12	Abrogans	Abrogans	aotmot
13	humiles G [(-lis $A+$)	humiles a -lis b	samftmoat[]
14	Abba	Abba $ab\alpha$ ababa β	faterlih
15	pater G	pater	fater
16	Abnuere	Abnuere	pauhnen
17	renuere	renuere	pipauhnen
18	recusare	recusare	faruuazzan
19	refutare Aa	refutare	fartripan
20	Absque foedere	Absque federe [(uetere b [foedere α)	uzzana moat-[scaffi
21	absque amicitia A_2	absque amicitia [(-cia b)	uzzana friunt-[scaffi
22	Abingruentes	Abincruent a -entum	ana sciupanti
23	abinmittentes [$GabA_2$ ¹)	abinmittentes [b	ana lacgente
24	Absit	Absit	fer si
25	longe sit $GdAff$	longe sit	rumo si
26	Abest	Abest	fram ist
27	deest $G+$	deest $b\alpha\beta$ teest a	uuan ist
28	Abdicat	Abdicat	farquithit

---

¹) *Richtiger* ab inminentes *Vat. 1471.*

	a	*b*	*c*	α und übrige Hss.
, 1	INCIPIUNT GLOSAE EX NOUO ET UETERIS TESTAMENTI	INCIPIUNT CLOSAS EX UETERĘ TESTAMENTO	INCIPIUNT GLOSĘ NŌ ET UETR̄	INCIPIUNT GLOSAS EX NOVO ET VETERE *i* IV, 604,5 IN NOMINE DĪ SŪMI INCIPIUNT GLOSAS HRAB. MAURI α
12	aot	dheomodi	*s.* 4, 37 f.	sanftmoti α sanf-[moti β
13	mot	samftmoati		
14	$= {}^*a\vartheta$	$= {}^*a\vartheta$	*s.* 20, 10 f.	$α = {}^*a\vartheta$ faterliih β
15	$= {}^*a\vartheta$	$= {}^*a\vartheta$		$αβ = {}^*a\vartheta$ [1])
16	pauhan	ferlaucnen		farlaugnen αβ
17	pipauhan	pauhnen		
18	$= {}^*a\vartheta$	$= {}^*a\vartheta$		uuidarsahan β[2])
19	$= {}^*a\vartheta$	fartriban		$α = {}^*a\vartheta$ [3]) fartrii-[pan β[3])
20	uzzena moot-[scaffi	$= {}^*a\vartheta$		anu triuua ł uuara α [anu uara ł triuua [β ana uuara ϑ[4])
21	uzzena [friuntscaffi	$= {}^*a\vartheta$		anu friuntscaf α anu [friufscas β
22	$= {}^*a\vartheta$	ana sceopandi		
23	ana lag-[kende[5])	ana lazcende		ana sentente αβ
24	$= {}^*a\vartheta$	$= {}^*a\vartheta$	*s.* 22, 1	$aβ = {}^*a\vartheta$
25	$= {}^*a\vartheta$	$= {}^*a\vartheta$	*s.* 22, 2	
26	$= {}^*a\vartheta$	$= {}^*a\vartheta$	*s.* 22, 3	fona ist αβ
27	$= {}^*a\vartheta$	$= {}^*a\vartheta$	*s.* 22, 4	$α = {}^*a\vartheta$ uan ist β[6])
28	farquidit	farchuuidhit		farqhuidit α farqui-[dit β ferqhede ϑ [IV, 2, 17

[1]) pater *hinter dem Lemma* αβ.   [2]) *Vor* 12.   [3]) *Vor* 4, 13.
[4]) IV, 2, 18.   [5]) l *aus* c.   [6]) *Vor* 4, 13.

	Q	a—ϑ lateinisch	*$a\vartheta$ deutsch
2, 29	abhominat	abhominat a [abom. $b\beta$ [abhominatur α	faruuazzit
30	denegat	denicat	farsah[]it
31	repudiat Aff	repudiat a [repudat b	fartripit
32	Abstrusum	Abstrusum a [-uhum b	ungafori
33	Clandestinum	clandestinum	uuitharzoami
34	latens 2	latens b$a\beta$ [-entes a	caporgan
35	occultum [$Aff\,bc$	occultum	tuncli
36	remotum 1 [$Aff\,A+$	remotum	cahroarit
37		Abstractum	farzocan
4, 1		subductum	farlaitit
2	Absurdum	Absurdum	ungafoari
3	dispar . . . $Aff\,b$	dispar	ungamah
4	(Absurdum) . . . in- [congruum A [1])	inconcilium	ungamez
5	Abluit	Abluit	aruuaskit
6	emundat $Ga\,Aff$	emundat	cahreinit
7	(Abluit) . . lauat [$Abd+$	lauat	thouuahit
13	Adseuerat	Adseuerat $bci a\beta$ [Adstuerat a	cafrumit
14	adfirmat $G+$	adfirmat $abc a\beta$	cafastinot

---

[1]) *S. unten* 36, 4 ff.

	a	*b*	*c*	*α* und übrige Hss.
29	= *aϑ	= *aϑ		laidazit *αβ*[1)
30	sarsahhit	farsahchit		
31	fartribit	= *a*		
32	= *aϑ	uncafori		
33	uuidarzomi	uuidarzoami		
34	gaborgan	caporgan		midanti *αβ*[2)
35	= *aϑ	tunᵇclo		
36	cahrorit	caroarit		
37	farzogan	= *aϑ		farzogan *α*
				[farzogan: *β*
1	= *aϑ	= *aϑ		
2	= *aϑ	= *aϑ		unfroi *ϑ* IV, 2, 15
3	= *aϑ	= *aϑ		
4	= *aϑ	= *aϑ		
				[*β*[3)
5	= *aϑ	= *aϑ		arduog *α* arduoog
6	careinit	cachrenit		
7	duahit	= *aϑ		
13	= *aϑ	= *aϑ	kifrumit	kifrumit *i* IV, 604,7
				[casaget *α*
				[kasaket *β*[3)
14	= *aϑ	cafastinod	zo kifestinot	kifestinot *i* IV, 604,8
				[kafestinot *αβ*

[1) z < c *β*.

[2) *Vor* 4, 13.

[3) *Reihenfolge in αβ*: 4, 13. 4, 5. 2, 19. 2, 27. 2, 34. 4, 14.

	Q	a—ϑ lateinisch	*$a\vartheta$ deutsch
4, 15	Adminiculum	Adminiculum $ac\vartheta$ [-colum b [Ad . . . 1 . . . i	helpfa
16		subsidium bc [subdium a	folzuht
17		solatium ac [-acium b	traost
18	auxilium	auxilium	helpfa
19	adiutorium G	adiutorium	helpfa
20	Adnitente (conante uel)	Adnitentē ac [-em $b\alpha\beta$	ilentem
21	opitulante	opitulante a -olan- [tem b -ulantē c [-ulantem α	helphantem
22	uel adiuuante Aff	adiuuantē ac -em b	folzeohan*tem*
23		Adnectit $abc\beta$ [-nestit α	farslahit
24		asciscit $abc\beta$ [-itur α	farspanit
25		adiungit	camahot
26	Adnectens	Adnectens	farslahanti
27	nodans	notans	casprangit
28	uel ligans G	ligans	capuntan
29	Adnixa	Adnixa $abc\alpha\beta$ -us d_1	camahot
30	coniuncta $Aff\,b$	coniuncta	cafoagit
31	Anus	Anus	artopet
32	uetula $Ab\;Aff+$	uetula	araltet
33	Adulta	Adulta $ab\alpha\beta$ adulta c	gelo
34	matura G	matura	riffi

	a	b	c	α und übrige Hss.
2, 15	$= *a\vartheta$	helfa	$= b$	helpha i IV, 604, 8 [zihelfu ϑ [IV, 2, 19
16	$= *a\vartheta$	$= *a\vartheta$	$= *a\vartheta$	
17	$= *a\vartheta$	trost	$= b$	
18	$= *a\vartheta$	helfa	$= b$	
19	$= *a\vartheta$	helfa	$= b$	
20	$= *a\vartheta$	ilantem	ilantē	zilenten α zileten β
21	$= *a\vartheta$	helffantem	helfantan	
22			folzeohantan	
23	$= *a\vartheta$	$= *a\vartheta$	$= *a\vartheta$ ¹)	zo gachnuphit α zo [kacgnuphit β
24	$= *a\vartheta$	$= *a\vartheta$	$= *a\vartheta$	αβ $= *a\vartheta$
25	gamahot	camahcoht	kimahot	
26	$= *a\vartheta$	farslahandi	$= *a\vartheta$	
27	$= *a\vartheta$	caspraitandi	kipreitanti	
28	cabuntan	capintanti ²)	kipintanti	
29	gamahhot	camachot	kimahot	zo gamahhot α zo [kamahhot β
30	gafoagit	$= *a\vartheta$	kifoagit	... kifuagit d_1
31	$= *a\vartheta$	$= *a\vartheta$	$= *a\vartheta$ 3	[IV, 3, 50³)
32	$= *a\vartheta$	$= *a\vartheta$	arhaltet 4	
33	$= *a\vartheta$	$= *a\vartheta$	kelo 1	kauuahsaniu α ka-[üahsanui β
34	rifi	$= * a\vartheta$	$= *a\vartheta$ 2	rifi α riiffiu β⁴)

¹) l < a.
²) *Von* p *an auf Rasur; es stand wohl* caspraitanti *da.*
³) *Zu* Adnixus.   ⁴) *Das zweite* i *nur in Spuren.*

	Q	a—ϑ lateinisch	*aϑ deutsch
4, 37	Abrogans	Abrogans *bc*	theomot[]
38	humiles *G*	humilis *bc*	samftmoat[]
	[(-lis *A*+)		
39	Adrogantia	Arrogantia *ac*	hroam
		[Abrogancia *b*	
6, 1	Petulantia	petulantia *a* -cia *b*	soahenti
		[putulantia *c*	
2	iactantia *Aff*	iactantia *a* -cia *bc*	gelpf
3	superbia *Aff*	superbia	uparmoti
4	Arroganter	Arroganter *abcα* -tes	hroamliho
		[ϑ arogantes *β*	
5	elate *GabcAffac*	elate	prait
6	Algor	Algor	chalti
7	frigus *GAffAII*+	frigus *ac* frigor *b*	frost
8		Angor[1])	angust
8a			
9		Anxior *b* anxior *c*	angustit
		[angsior *a*	
10		tristor	unpliithenti
11	Coartor	coartor *ab*	canaotit
		[coastor *c* [2])	
		[coartatur *β*	
12	constringor ... *G*	constringor *aαβ*	cathungan
		[contringor *b*	
		[contringor *c*	
13		Angore	cathungani
14		anxietate	mit angusti
15	Affatim[3])	Affatim *ac*	follo

---

[1]) *Hierzu fehlt wohl das Interpretament; vgl.* 13f. *und die Majuskel b* :
[2]) s *korr.*   [3]) 6, 15 *und* 17 *folgen einander Goetz* IV, 471, 14

	a	b	c	α und übrige Hss.
$\textbf{4, 37}$	s. 2, 12		theomoti	
38	s. 2, 13		samftmoti	
39	hrom	$= *a\vartheta$	hroani	
$\textbf{5, 1}$	sohenti	soahchandi	suahanti	
2	gelf	cehf	kelf	
3	ubarmoti	ubarhuhct	uparhucti	
4	hromlihho	hroamlihcho	$= *a\vartheta$	hromlicho α hroom- [lihbo β hruomli [ϑ IV, 2, 14
5	$= *a\vartheta$	praitherze	preitherze	kaillihho α [keilliihho β
6	glati	chaldi	$= *a\vartheta$	frost $\alpha\beta$
7	$= *a\vartheta$	$= *a\vartheta$	$= *a\vartheta$	
8	$= *a\vartheta$	angidha	eingida	sorga ł sorgem α [sorga ł β
8a				
9	$= *a\vartheta$	angust[1])	$= b$[1])	
10	unpladendi	unplidhem	unfrau	kaunfrauuit pim [(pī β) $\alpha\beta$
11	ganaotit	canotit	kinotit	kiduungan β
12	caduungan	cadhungan	kidungan	kaduungan pim α [kadüngam pim β
13	ganduungani	cadhungani	kiduungani	
14	$= *a\vartheta$	$= *a\vartheta$	$= *a\vartheta$	
15	$= *a\vartheta$	$= *a\vartheta$	$= *a\vartheta$	

[1]) *Vgl.* 6, 8.

	Q	a—ϑ lateinisch	*aϑ deutsch
6, 16	abunde	abunde	canoac
17	satis ... *Aff*	satis uberti *ab* -im	uparcanoac
	(Affatim) ubertus[1])	[αβ ubt[5] c	
18	Adfari [... *Affc*	Affare	follun
19	adloqui *Ab Aff*+	alloqui *a*	sprehan
20		Affatus	follun
21		locutus	sprehanti
22	Ambrosiae	Ambrosiae *a* -ie *b*	liuplih
		[-ię *c*	
23	diuinae	diuine *ab c*[2 2])	cotchundlih
24	pulchrae *GAff*	pulchre *ab* pulc̊re *c*	facari
25	Abnuere	Abnuere	uui*th*aruuazzan
26	renuere	renuere *a*	faruuaz*z*an
		[rennuere *c*	
27	recusare	recusare *c*[3]) raui *a*	uui*th*aron
28	refutare *A a*	refutare	fartripan
29	Alternatim	Alternatim	ainstritan
30	uicaria *Aff b*[4])	uicaria *ab*αβ -ię *c*	untar zouuaim
31		id est	*th*az ist
32	(Alternatim) ad in-	ad inuicem *c* ad	untar mittem
	[uicem	[uicem *b* Ad	
		[uicem *a*	
33	reciproco	reciproca *ac* -ga *b*	cascait
	[*Aff ab*[5])	[reciprocans αβ	
34	Alternanti	Alternanti	zouu e̊onti
35	dubitanti *G abc*+	dubitanti *ab* -ndi *c*	zouuiflonti
36	Adamans	Adamans	minneonti
37	lapis ferro durior	lapis ferro[6])durior	stein isarne
		[(durio b)	[hartiro
8, 1	id est genus	id est genus	*th*az ist chunni

---

[1]) es < as.
[2]) *Über* cotchundlih.
[3]) *Auf Rasur.*
[4]) *G* IV, 475, 48 *nach* Alterna uicaria 44
[5]) *Ebenda* 49.
[6]) *Auf Rasur* c.

	a	b	c	α und übrige Hss.
16	ganoc	= *aϑ	kiuuoc	
17	uparcanoi	ubargnoac	uparkinuoc	uparcanóc α ubar-[kanooc β
18	= *aϑ	= *aϑ	follū	
19	= *aϑ			
20	= *aϑ			
21	= *aϑ	sprehchandi	= *aϑ	
22	= *aϑ	= *aϑ	= *aϑ	
23	gotchundlih	cotčundlih	= *aϑ¹)	
24	figiri	fagari	= b	
25	uuidaruuaz-		farlaugnen	
26	[zan		uuideron²) laug-[nen	
27	uuidar		faruuazan	
28			fartripan³)	
29	= *aϑ	ainstritā	einstritan	uuehsallihho α⁴) [uuehsalliihho β
30	uuidar zom	undar zouuaim	untar zueim	uuehsal αβ
31	daz ist	= a	= a	
32	ceim	undar mittem	untar mittē	
33	gasgait	cašaçit⁵)	kisceit	intuuihslenti αβ
34	zueʰondi⁶)	zheondi	zuheonti	
35	zuiflonti	zouuiulantan	zuiflonti	
36	= *aϑ	minnontan	minotan	
37	stein isarne [bartiro	stein isarne har-[diro	stē isarne harti-[ro	
1	daz ist chunni	chunni	= a	

¹) *Das letzte* h *mit Rasur aus* l.   ²) c² *über* rennuere.
³) p > b *korr.* c¹.   ⁴) hsa *auf Rasur.*
⁵) *Korrektur vom Rubrikator.*   ⁶) *So.*

	Q	a—ϑ lateinisch	*aϑ deutsch
8, 2	gemmę *Aabcd*	gemme	gimmono
3	Alacer	Alacer *abcα* alecer *β*	fraoer
4	laetus	letus	plithi
5	gaudens *Aff*	gaudens *ac* [caudens b	manthenti
6	(Alacer uelox) [hilaris *Aff'bc*	hilares *ab* -is *c*	slehtmoat
7		ut alias *a* ut alia *bc*	*th*az an*th*er
8	(Alacer) fortis	fortis	strangi
9	expeditus [*Abde Aff* ¹)	expeditus	pitharpenti
10	Armonia	Armonia	mituuari
11	conpetens	conpetens *bcαβ*	arpittenti
12	coniunctio	coniunctio [-ans *a*	camahitho
13	uel	ut alia ²)	*th*az an*th*er
14	ex multis	ex multis	fona managem
15	uocabulis	uocabulis *ac* -us *b*	namom
16	apta	Apta *acαβ* abta *b*	cafoari
17	modulatio	modolatio *aβ* [-lotio b [modulatio *cα*	
18	aut	aut	*eth*o
19		ut inuenitur *ac* [-ietur b	*th*az pifunti
20	duplex	duplex	zuiualt
21	sonus *Gabd*	sonus	hluti
22	Arduus	Arduus *abcαβ* -um *d₁*	uui*th*arperc

¹) *Die drei Glossierungen von Aff stehen als G* IV, 472, 52. 54 *u* 53 *beieinander.*

²) *Hinter dem zweiten a Rasur c.*

	a	b	c	α und übrige Hss.
5, 2	= *aϑ	= *aϑ	kimmun[1])	
3	= *aϑ	frauuer	= *aϑ	sneller αβ
4	plidi	plidhi	= a	
5	mendenti	mandhendi	mendanti	
6	slehtmot	slehtmoati	slehtmoti	
7	daz ander	so andhre	so ander	
8	stimangi	strengi[2])	= b	
9	biderbenti	pitharpan[2])	pidarber[3])	muntar αβ
10	= *aϑ	= *aϑ	mituari	liudeon αβ
11	= *aϑ	arpitandi	arpitanti[4])	kalimflih α -liih β
12	gamahhido	camahchidha	kimahida[5])	
13	daz ander	so andhra	so ander	
14	fona managen	fon mislihchem	fona manegem	
15	= *aϑ	namon	= b	
16	cafori	= a[6])	kifori	kafokiu ł kafoorlih- [hiu α ca. kafo- [kiu uł kaforiu β
17				missilih (missaliih [β) sanc αβ
18	edo	eddo		
19	daz pifunti	so fundan ist	so funtan ist	
20	= *aϑ	= *aϑ	= *aϑ	
21	= *aϑ	= *aϑ	= *aϑ	
22	uuidarperc	uuidharperc	uiarperc	uuidarperki α [-pegi β

[1]) *Die Übersetzungen nach jedem einzelnen lat. Worte.*
[2]) *Reihenfolge* fortis expeditus strengi pitharpan.
[3]) *c² auf Rasur.*
[4]) n < t.
[5]) *Das letzte* a *aus* i.
[6]) abtamo cafori dolotio.

	Q	a—ϑ lateinisch	*aϑ deutsch
8, 23	altus	altus *ab* Altus *c*	haoh
24	grauis *Gabcd*	grauis *ac* crauis *b*	souuar
25	(Arduum	difficilis *abc* -le *d₁*	unsamft
	[difficile *Aff*)		
26	Arua terra .. *A G*+	Arua	angar
27	Fuma terra	fuma	ruchi
	[*G Aff AII*+		
28	Humus terra *GAff*+	humus	fuhti
29	Telus terra *Aac*	telus	molta
30		a terre *a*	
31	Aula	Aula	salihus
32	domus	domus	hus
33	regia *Aabcde*	regia *ac* regna *b*	chuninchli¹)
	[*G Aff*+		
34	Aulici	Aulaces *acα* -er *b*	chamarare
35	ministri	ministri	ampahte
10, 1	regis *Gd*	regis	chuninchli¹)
2	*Vgl.* Amoena loca	Amoena *a* Amoen:a	liuplih
	bona cum arbori-	[*b* -ia *c* -um *αβ*	
3	bus decorata seu	loca	stat
	uoluptuosa fertilis		
4	delectabilia siue	delectabilia *abc*	cauualit
	opaca *Excerpta ex*	[-ile *αβ*	
5	*Glossis AA*	fertilis	peranti
	[(V, 439, 36)		
6	Amoenitas	uel amoenitas *ab*	etho liuplih
		[-ietas *c*	
7	iucunditas *Ab*	iocunditas *aαβ*	iucundlih
		[iuc- *bc*	

¹) < chuninclih *O*.

	a	*b*	*c*	α und übrige Hss.
8, 23	$= {}^*a\vartheta$	hoh	$= {}^*a\vartheta$	
24	súar	$= {}^*a\vartheta$	suar	
25	unsest	unodhi	unodi	unsamft d_1[1]) IV,4,24 [unsenfti ł unodo [(unodi β) αβ αβ $= {}^*a\vartheta$
26	$= {}^*a\vartheta$	$= {}^*a\vartheta$	$= {}^*a\vartheta$[2])	
27	$= {}^*a\vartheta$	rucchi	ruihki	
28		$= {}^*a\vartheta$	$= {}^*a\vartheta$	
29	fuhti	$= {}^*a\vartheta$	$= {}^*a\vartheta$	
30				
31	$= {}^*a\vartheta$	$= {}^*a\vartheta$	selihus	
32	$= {}^*a\vartheta$	$= {}^*a\vartheta$	$= {}^*a\vartheta$	
33	$= {}^*a\vartheta$	chuniglih	cuninhlih	
34	$= {}^*a\vartheta$	$= {}^*a\vartheta$	cᵇamarara[3])	inchnehta α
35	ambăt	chamarare	āpahti	
0, 1	$= {}^*a\vartheta$	chuninges etho[4]) [ambahte [chuninges		
2	$= {}^*a\vartheta$	$= {}^*a\vartheta$	$= {}^*a\vartheta$	uunnisam αβ
3	$= {}^*a\vartheta$	$= {}^*a\vartheta$	$= {}^*a\vartheta$	
4	gauualit	lustlih	$= b$	lustlih α -liih β
5	peratih	perandi	$= {}^*a\vartheta$	uuasmiic αβ
6	edo liuplih	$= {}^*a\vartheta$	$= a$	
7	$= {}^*a\vartheta$	$= {}^*a\vartheta$	iungundlih	uunnisami αβ

[1]) *Zu* Arduum 8, 22.
[2]) *Das zweite* a *aus* u?
[3]) *Korr.* c².
[4]) h < o.

	Q	$a—\vartheta$ lateinisch	$^*a\vartheta$ deutsch
10, 8	Adtonitus	Adtonitus	pithonaronti
9			
10	intentus *Gabc* [*AII*+	intentus	nihaltanti
11	(Adtonitus) stupe- [factus	stupefactus *aba* [-is *β*	arquemanti
12		ut alia *b*	
13	(uel) stupore	aut(Aut*a*)stupore [(staupore *c*)	etho archomani
14	defixus *AII*¹)	defixus	cafastinot
15	Agrestis	Agrestis	untharalih
16	rusticus uel fęrus *G*	rusticus	rustih
17	Adstipulatus	Adstipolatus *a* [-ulatus *bc*	cafoacanti
18	adiunctus *Gabcd* [*AII*+	adiunctus	camahot
19	Adstipulator	Adstipolator *a* [-ulatur *b* [-ulator *c*	cafoacanter
20	idoneus	idoneus	canuhtsamer
21	testis *Gc*	testis	sagenter
22		adprobatur *ab* [-us *c*	cachorot
23	Adstipulatione	Adstibulatione*a* Ad- [stipulacione *b* [Adstipulat- *c*	mit fastinothe
24	adsponsione *Gd*	adsponsione	mit cahaizzu
25		adinterrogatione [*ac* -cione *b*	mit fracanu
26	Absque foedere²)	Absque foedere	anu camahlih[]

¹) *Reihenfolge der Hs.*: stupore defixus uel stupefactus. *Vgl.* A tonitus intentus uel stupore defixus *Affc*, Adtonitus stupore defixus *Gd*.

²) *S.* 2, 20f.

	a	b	c	α und übrige Hss.
), 8	pidonarondi	pithonorondi	pidonarot	
9		sendi		hlosenti αβ¹)
10	= *aϑ	pihaltandǐ	sehanti	kerner α kerni β
11	arquemani	archuemandi		arqhuomaner α [arqueman β
12		so sumę		
13	edo archo-[mani	edho archomini	edo archueman	
14	gafastinot	= *aϑ	kifestinot	
15	undaralih²)	= *aϑ	undarlih³)	uuildi
16	= *aϑ	= *aϑ	rusti hertlih	
17	cafocandi	cafoacandi	kifokenti	
18	camhaoth	camahchot	kimahot	zo gamahhot
19	cafocander	cafoacander	kifokenter	
20	= *aϑ	= *aϑ	kinuhtsamær⁴)	kanuhsamer
21	sagender	= a	sagentes	
22	gachorot	= *aϑ	kichorat	
23	mit fastinode	mit fastinodhe	zi festinde	
24	mig̈aizzu	= *aϑ⁵)	za gaheiza	
25	mit fraganu [lihha	mit fragungu	za fragungu	
26	anu gamah-	ano canozscaf	anu kinozscaf	

¹) e < a β.
²) Rasur unten an h.
³) h < l?
⁴) æ < a c².
⁵) Das zweite a aus i.

	Q	$a-\vartheta$ lateinisch	$*a\vartheta$ deutsch
10, 27	absque amicitia A_2	absque amicitia ac [-cia b	anu friuntscaf
28	Abingruentes¹)	Abincruentes ac [Abingr. b	ana lacgente
29	abinmittentes [$Gab\,A_2$	abinmittentes a [-mitentes bc²)	ana uuerfante
30	Auspicia	Auxpicia ab [Auxspicia c	souuaritha
31	somnia G	somnia	slaf
32	(Auspicia) signa	signa	zaihan
33	uel initia... Aff	inicia a -tia bc	aerista
34		rudimenta	laera
35	Auspicati sunt	Auxpicati sunt ab [Auxsp. sunt c [Ausp.³) sunt α	arsouuarete sin
37	consecuti sunt [$Gabde$	consecuti sunt	cafolgente sint
39	Acer	Acer	sarpfer
12, 1	durus G	durus	hart
2	Aceuitas	Aceruitas	sarphitha
3	crudelitas G	crudelitas a [crudil. b [crudeliditas c	uualugiritha
4	Aceruus	Aceruus	sarpfer
5	tumulus G⁴)	cumolus ab comu- [lus c cum. α	huffo
6	Aceruus	Acerbus a Acerus bc	crim
7	malus	malus	upil
8	uel inmaturus [$Affabc$	immatura a [inm. $b\alpha$ [inmaturus c	unriffi
9	Ater	Ater	salouuer

---

¹) *S. zu* 2, 22f. ²) abinmit::tes] en *radiert b.*
³) s *auf Rasur.* ⁴) Aceruos cumulus uel tumulus uel ... *AII.*

	a	*b*	*c*	*α* und übrige Hss.
10, 27	anu friuncaf	ano friuntscaf	$= {}^*a\vartheta$	
28	ana lecgende	ana lagde	ana leickianti	
29	ana uuer-[fande	$= a$	fona uuerfanten	
30	souuarida	souuaridha	suarida	
31	$= {}^*a\vartheta$	$= {}^*a\vartheta$	$= {}^*a\vartheta$	
32	$= {}^*a\vartheta$	zeihchan	zeihan	
33	$= {}^*a\vartheta$	az erista	az eristin	
34	$= {}^*a\vartheta$	hlera	$= {}^*a\vartheta$	
35	arsuarete [sint	arsoŭarre[1]) sint	arsuaret sint	fogalonte sint
37	gafolgete sint	cafolgam. de sint	kifolgenti sint	kafolgente sint[2])
39	sarpher	$= {}^*a\vartheta$	$= {}^*a\vartheta$	sa^{r}f ł c͞rīmer
2, 1	$= {}^*a\vartheta$	$= {}^*a\vartheta$	harter	
2	sarphida	sarfida	sarƀida[3])	
3	uualugirida	uualugiridha	uualukirida	
4	sarpher	sarfer	$= {}^*a\vartheta$	puhil ł laeo
5	$= {}^*a\vartheta$	$= {}^*a\vartheta$	$= {}^*a\vartheta$	húffo
6	$= {}^*a\vartheta$	$= {}^*a\vartheta$	grim	
7	$= {}^*a\vartheta$	ubil	$= {}^*a\vartheta$	aphol
8	$= {}^*a\vartheta$	$= {}^*a\vartheta$	$= {}^*a\vartheta$	unripher[4])
9	$= {}^*a\vartheta$	salauuer	salauer	niger ł saloer

[1]) e *auf Rasur.* [2]) + Asper arendi.
[3]) *Korr.* c[2]. [4]) Malus inmatura aphol unripher α.

	Q	a—ϑ lateinisch	*aϑ deutsch
12, 10	niger *GAff AII*+	niger	s o u u a r z
11	Atra Atra (mala)	Atra	s a l o u u o
12	nigra nigra	nigra	s o u u a r z o
13	tenebrosa *G*	tenebrosa	f i n s t r o
14	obscura	obscura[1])	t u n c l o
15	Atrum [*Aff*	Atrum	s a l o u u i
16	nigrum	nigrum	s o u u a r z
17	(malum) tenebro-[sum	tenebrosum	f i n s t a r
18	obscurum *Aac*	obscur| *a* -rum *b*	t u n c a l
19	Atrox	Atrox	a i n s t r i t a n t i
20	crudelis	crudelis	u u a l u g i r i
21	(Atrox) seuus 2 (amarus)	seuus	s l i z z a r i
22	malus 1	malus *ab*	
23	pessimus *G* (uel innatu-[rus) *AII*	pessimus	u u i r s i s t o
24	Atrocem	Atrocem	u u i t h a r q u e t u m
25	amarum *Gabc*	amarum	p i t t r e n
26	Alma	Alma *ac* Alama *b*	u u i h
27	clara 2	clara	h l u t a r
28	sancta 1	s$\overline{\text{ca}}$ *a* scam dita *b* [sc$\overline{\text{a}}$ntitas *c*[2])	h a e r
29	candida 4	candida *a*[2])	s g i n a n t i
30	pulchra 3 *Aff*	pulchra	f a c a r
31		Almum	u u i h
32		clarum	h l u t a r
33		uel (aut *c fehlt a*) [serenum	e t h o h a i t a r
34	Annet	Annet *bcα* Anet *a*	s g i n i t

---

¹) *In c von zweiter Hand.* a $<$ o *b.*
²) *Die Lesarten bc aus* s$\overline{\text{ca}}$ candida *durch Haplographie.*

	a	*b*	*c*	*α* und übrige Hss.
2, 10	$= *a\vartheta$	$= *a\vartheta$	suarz	
11	salauuo	$= a$	saluo	
12	$= *a\vartheta$	$= *a\vartheta$	suarzo	
13	$= *a\vartheta$	$= *a\vartheta$	finistro	
14	$= *a\vartheta$	tunchlo	$= *a\vartheta$[1])	
15	salauui	$= a$	salui	
16	$= *a\vartheta$	$= *a\vartheta$	suarz	
17	$= *a\vartheta$	$= *a\vartheta$		
18	$= *a\vartheta$	tunchal		
19	ainstritandi	$= *a\vartheta$	einstritanti	ungahiurer [ł crudeł[2])
20	$= *a\vartheta$	$= *a\vartheta$	criunlih	
21	$= *a\vartheta$	$= *a\vartheta$		
22				
23	$= *a\vartheta$	$= *a\vartheta$		
24	[quetum uuidar-	uuidharchuetum	uuidarchuetun[3])	ungahiuren
25	$= *a\vartheta$	pitran	pittri	
26	$= *a\vartheta$	$= *a\vartheta$	$= *a\vartheta$	
27	$= *a\vartheta$	$= *a\vartheta$	$= *a\vartheta$	
28	$= *a\vartheta$	her	erchan[4])	
29	sginandi	casginanti	sckinanti	
30	fagar	$= a$	fagari	
31	$= *a\vartheta$	$= *a\vartheta$	$= *a\vartheta$	
32	$= *a\vartheta$	$= *a\vartheta$	$= *a\vartheta$	peraht
33	edo haitar	edho haitar	edo heitar	
34	scinit	$= *a\vartheta$	skinit	$= a$[5])

[1]) c^2.　　　　　　　　[2]) r ł c *auf Rasur.*
[3]) un c^2 *auf Rasur.*　　[4]) *Vgl.* c 29.　　　　[5]) c $>$ k?

	Q	a—ϑ lateinisch	*aϑ deutsch
12, 35	fulget *Affbc*+	fulget	plechet
36	Anguis	Anguis	nacal
37	serpens *AffAII*+	serpens	natra
14, 1	Angia Ancile	Angia	nacala
2	ferrum (quae) [abin- [tus 3 [(tene- [tur) 4	ferrum intus [(inter *c*) *abc* [incus α	isarn innana
4	buculae buccu- [la 2	bucula *c* buccula *b* [buccvla umbo α	rantpauc
5	scuti scuti 1 [*Gll.* [*Affb* [*Scal.* [(*AII*)	scute [puccol *a*	scilt
6	Angina [+	Angina	huuassi
7	glandula	glandula *a*α -ola *b* [glangula *c*	throasi
8	uel morbus	uel morbus (uel [*fehlt b* ā *c*)	etho suht
9	faucium *A₂*	faucium *ab*α fau- [cibus *c*	coamono
10	Augusta	Angusta *a* Angust *b* [Agusta *c*	uuirthic
11	pulcra	pulchra	facari
12	uel sancta *Gabcd*	sancta	uuih
13	Augustorum	Augustorum *b*α Ag. [*c* Austorum *a*	fraehtigero
14	sanctorum [*GabcAff*	sanctorum	caaeretero uui- [her
15	Augustius	*Augustiis] [Augustius *a*α [Agustius *bc*	fraehtigem

	a	*b*	*c*	*α* und übrige Hss.
2, 35	$= *a\vartheta$	pletchet[1])	piplickit	
36	nagal	ung nagal	$= b$	
37	$= *a\vartheta$	$= *a\vartheta$	$= *a\vartheta$	id est unc[2])
4, 1	nagala	$= a$	$= a$	
2	isarn innena	$= *a\vartheta$		anapoz
4	rantpaui	rantbauc		$= *a\vartheta$
5	$= *a\vartheta$			
6	uuassi	$= a$	$= *a\vartheta$	$= *a\vartheta$
7	drosi	dhroasi	dros	droos
8	edo suht	edho suht	$= a$	
9	$= *a\vartheta$	$= *a\vartheta$	commono	gaomono[3])
10	uuirdic[4])	uuirdhig	uuirdihc	
11	fagari	$= a$	fagar	
12	$= *a\vartheta$		$= *a\vartheta$	
13	frehtigero	$= a$	frehtigoro	eruuirdigero[5])
14	$= *a\vartheta$	uuihero	$= b$	
15	frehtigem	frehtihc	frehtic	eruuirdigór

---

[1]) *Vor* fulget.　　　[2]) +Vngues nagala.　　　[3]) *Auf Rasur.*
[4]) uuirdig?　　　[5]) ro *auf Rasur.*

	Q	a—ϑ lateinisch	*aϑ deutsch
14, 16	magnificentius [Gabc	magnificenciis a [-centus b [-cencius c	armarit
17	Adfinis	Ad fines ac A fine b [Adfinitos α	az ante
18	proximus [G(A)AII+	proximus ab -os c	nahist
19	Adfinitas	Adfinitas abc	az antim
20	propinquitas Affb	propinquitas	nahistun
21	Agmen	Agmen	foranontic
22		cornu	horn
23		uel	etho
24	multitudo [Gabcd AII+	multitudo	managi
25	Acie	Acie acα Acię b	huuasse orte
26	turba G	turba	managi
27	Aciem Acies [(acu- [men)	Aciem	huuassa
28	oculo- oculo- [rum [rum	oculorum ac [oculum b	aucono
29	aut uim aut	aut uim c aut a [aud b	etho magin
30	ferri gladii [Gac [Vat.	gladii¹)	souuertes
32	Agone [3321	Agone abc Agon α	foranontigemo
33	pugna (certamen) [Gabc	pugna	fehta
34	Arbiter	Arbiter b̄c Abit a	uuanenti
35	iudex	iudex	soneo
36	a duobus	a (fehlt c) duobus	fona zouuaim

¹) gladii *hinter* aud b.

	a	*b*	*c*	*α* und übrige Hss.
14, 16	$= {}^*a\vartheta$	$= {}^*a\vartheta$		
17	az ende	$= a$	az eintie[1])	kalange
18	$= {}^*a\vartheta$	nahisto	$= b$	
19	az entim	az andim	az eintim	
20	$= {}^*a\vartheta$	nahist	nahida	
21	fornondic	fornontig	fornantic	
22	$= {}^*a\vartheta$	hornes	$= {}^*a\vartheta$	
23	edo	edho	$= a$ [2])	
24	$= {}^*a\vartheta$	manag	$= {}^*a\vartheta$ [2])	
25	uuasse orde	orde	orte	$= c$
26	$= {}^*a\vartheta$	$= {}^*a\vartheta$		
27	uuassa	$= a$	$= {}^*a\vartheta$	
28	augono	$= a$	$= a$	
29	edo	edho magin	edo megin	
30	suuert	souuerdes	suertes	[3])
32	foranandi-[gemo	foranondigemo	fornontigemo	ellen
33	$= {}^*a\vartheta$	$= {}^*a\vartheta$	$= {}^*a\vartheta$ 1	fehta ... d_1 [IV, 4, 15
34	uuanendi	uuanandi	uualtanti 3	
35	$= {}^*a\vartheta$	sooneo	urteilo 4	
36	fona zuaim	fona zouueim	zueim 5	

[1]) *Das zweite* i *schwerlich als* t *zu lesen.*
[2]) c^2 *nach* uel multitudo.   [3]) +Acutus huas.

	Q	a—ϑ lateinisch	*aϑ deutsch
14, 37	electus *GAffab*	electis	cachoranem
16, 1	Ambro	Ambro *acα* Abro *b*	pinoman
2	consumtor	consumptor *ac* [-suntor *b* con- [su:mere *α¹*)	pifangan
3	patrimonii *Aff*	patrimonii *ab* -io *c*	faterarpes
4	Ambrones	Ambrones *abc* -ne *α*	pifangane
5	deuoratores [*Abde AII*+	deratores *ab* [detractores *c*	piscarite
6	Ambitiosus	Ambiciosus *ab* [-tiosus *c*	listiger
7	expetens	expedens *ab* [expetens *c*	soahenti
8	honorem *Aff*	honorem	aera
9	Aruina²)	Aruina	uparspichi
10	caro pinguis	caro pinguis (pin- [guida *c*)	fleisc faizzit
11	ferina *Aff AII*	ferina	mitticarni
13	(Aruina) adeps	aut (*fehlt α*) adeps	
14	uel axun- [gia *G*	uel exunia *ab* [axunia *α*	etho smerohlaipa
15	Alites	Alites *ac* -ter *b*	cafethare
16	aues *Aff AII*+	aues	focala
17	(Alites) uolucres [*Gabcd*	uolucres	fliucante
18	Altilia	Altilia *ac* Alitilia *b*	cafethare
19	uolatilia *GAII*+	uolatilia	fliucante³)
20	Alatis	Alates *ac* alates *b*	cafethare
21	pinnatis *Gcd*	pinnates	slagifetharum
22	Aucupator *Affa*	Aucupator *aα* Aucu- [patur *c* Acc. *b*	pifahanti
23	captator *Affac*	captator	hapenti

---

¹) m *radiert*.   ²) Aruma *AII*.

³) l < i?

	a	b	c	α und übrige Hss.
14, 37	$= {}^*a\vartheta$	$= {}^*a\vartheta$	arcoranem 2	
16, 1	$= {}^*a\vartheta$	$= {}^*a\vartheta$	$= {}^*a\vartheta$	guila
2	$= {}^*a\vartheta$	$= {}^*a\vartheta$		farneman [1])
3	fraterarbes	faterarbes		
4	$= {}^*a\vartheta$	bifangane	$= {}^*a\vartheta$	kitake
5	$= {}^*a\vartheta$	$= {}^*a\vartheta$	bisprechare [2])	
6	$= {}^*a\vartheta$	hlistiger	$= {}^*a\vartheta$	
7	sohendi	suahchendi		
8	haera	era		
9	ubarspichi	uparspicchi	uparspicki	smerohleip
10	fleisc feizzit	fleisc frezzit	flesc[3]) feizit	
11	mittilacarni[4])	$= {}^*a\vartheta$		mittigarni [5])
13	édo smero	alapi[6])		spint
14	hlaiba	edho smerolaiba		smero
15	kafedare	cafedhere	kifedarę	
16	fogala	$= a$	$= a$	
17	fliugante	fleogande	fleogantie	
18	kafedere	cafedhere 3	kifedare 2	
19	fliugante	fleogande 4		fliukenti d_1 IV, 4, 9
20	kafedere	cafedhere 1	kifedare 1	
21	flagifedarum	slagifedherom 2		
22	$= {}^*a\vartheta$	pifahandi	$= {}^*a\vartheta$	fogalari
23	habendi	$= a$		faaho

[1]) + consummare kaenteon. [2]) c^2. [3]) *Hinter* caro.
[4]) *Vgl.* la *in* alapi b 16, 11. [5]) +Farina melo. [6]) < laipa?

	Q	a—ϑ lateinisch	*aϑ deutsch
16, 24	uel uenator *Affb*	uel(*fehlt α*)uenator	etho iaconti
25	auium *Aff*	auium[1]	focalo
26	Anceps	Anceps	zouueo
27		ambiguus	untar zouuaim
28	dubius	dubius *ab* [dubus *c*[2])	zouuifal
29	incertus ... *A*	uel incertus[3])	etho unchunth
30	Ancipitem	Ancepitem *ab* [Ancip- *c*	couuihanten
31	dubium *Aff*	dubiam *ac* -ium *b*	zouuiflonten
32		uel duplicem	etho zouuiualtan
33	Astra	Astra	zaihan
34	sidera	sidera	sethal
35		caeli *ab* cęli *c*	himilo
36	stellae *A*[4])	uel stelle *ab* [uel stellas *c*	etho sterna
37	Arctus *Gd*	Artus *ab* Arctus *cα*	foranontic [sterno
38	stellae *Gabcd*	stelle *a* stille *b*	thero
39	septemtrionales [*Gabc*	septemtrionales *a* [semtemtr.*b*VIII- [trionanalis *c* [Septentrio- [nales *α*	sipunstirneo
18, 1	uel sidus in caelo [*Gac*	uel si in caelum *ab* [uel sidus in cęlo *c*	etho in himile
2	Aelam	Aelam	fasti
3	porticum *GAff*	porticum	pforcih
4	Ambitus	Ambitus	cathuinc
5	circuitus	circuitus	umpi

[1]) *In c Nachtrag c*[2].
[2]) *Korr. c*[2].
[3]) *In c Zusatz c*[2].
[4]) *G* IV, 311, 33; *es folgt* Astrologi qui intendunt signa caeli.

	a	*b*	c	α und übrige Hss.
16, 24	edo iacondi	edho iacondi		iagari
25	fogalo	focala		
26	zueo	zuuueho	zueio	
27	undar zuaim	undar zouuaim	untar zueim	
28	zuifal	zouuiual	zuual	
29	edo unchundh	edho unchundi		
30	gouuiganden	zouuihandan	zuihaeintan	
31	zuiflonten	zouuiflondan		
32	edo zuiualt	edho zouualdan		
33	= *aϑ	zaihchan	zeihan	
34	sedhal	sedal		
35	= *aϑ	= *aϑ		
36	edo sterna	edho sterna		
37	fornonti	foranontig	fornontic	daz ist der uuagan [in himile[1])
38	dero sipuneo	thero sterno[2])		
39	sipurstirneo	sipunsterneo		nordhalpa
18, 1	edo in himile	edho in himile[3])		s. 16, 37
2	= *aϑ	= *aϑ	ferti	
3	= *aϑ	forzih		
4	kaduinc	cadhuing	kiduinc	
5	umbi	= *a*		

[1]) *Mit der folgenden Glosse vor* 18, 17.
[2]) stille. thero. semtem. sterno. trionales. sipunsterneo *b.*
[3]) himi *auf Rasur.*

	Q	a—ϑ lateinisch	*aϑ deutsch
6	uel potentia *AII*	uel potentia [(-cia *b*)	e*t*ho mit mahti
7	Ambages *Ade*	Ambages	ca*t*huinc
8	(circuli) circui- [tiones *A*	circuitiones¹)	sinuuir*p*ili
9	Ambagines	Ambagines *acα* [Abag. *b*	ca*t*huinc
10	loca	loca	stati
11	flexuosa ... *Vat.* [*1468*	flexuosa	pugihafto
17	Anfracta	Anfrata *a* [Anfracta *bc*	caprohan
18	intertortuosa²)	uel tortuosa	e*t*ho chrum*p*o
19	et difficilia [*Gabc*	aut difficilia *a* aut [dific. *bc*	e*t*ho unaothi
20	Apostata	Apostata *ab* [Aportata *c*	far*h*una*z*zan
21	refuga *GAff*	refuga *ab* [refugata *c*	arflohan
22	Altercatio	Altercatio *a* -gacio *b* [-gatio *c*	hroaffari
23	lis 2 ...	lites	saha
24	contentio 1 *Affbc* Contentio altercatio [uel	contentio *a* -cio *bc*	paca
25	disceptatio [*Abde*	desceptatio *a* dis- [cep. *c* discep- [tacio *b*	pisouuih
26	Altercatur	Altercator *abα* [Altergat *c*	pacari
27	liticat	litigat	sahit

---

¹) *Auf Rasur (für* loca steti?*) c.*
²) <itinera tortuosa?

	a	b	c	α und übrige Hss.
6	edo mit mahti	edho mahti		
7	duinc	cadhuing	kiduinc	
8	sinuuirbili	= a		
9	kaduinc	cadhuing	kiduinc	chrumpi
10	= *$a\vartheta$	= *$a\vartheta$	steti	
11	= *$a\vartheta$	= *$a\vartheta$	kiuuntono	
17	= *$a\vartheta$	caprohchan	kiprohan	
18	edo chrumbo	edho crumbo	edo kiridan	
19	edo unaodi	edho uuodih	edo unodi[1])	
20	faruuazzan	= a	fartragan	
21	= *$a\vartheta$	= *$a\vartheta$[2])	arflaugit	
22	roaffari	= a	hroffida	
23	sahha	sagcha		secchea
24	paga	= a		
25	= *$a\vartheta$	= *$a\vartheta$		
26	pagari	= a	pagit	= a
27	sahhit	sagchit	sa^{c}hit	

[1]) unodi] nodi c^2.
[2]) *Zwischen* refuga *und* arflohan *Rasur von* arflohan altergacio.

	Q	*a*—*ϑ* lateinisch	**aϑ* deutsch
18, 28	obiurgat *Gbcd*	obiurgat	pihaizzit
29	Alliger	Aliger *a* Aliter *b*	sahari
30	Alobroges ¹)	allobroges *ab*	in calihnassi
		[Allobr. *cα*	
31	*Alector	Alligator *a* alligotor	roah[]ari
32	Gallus galli *gallus	gallus [*b*	hano
	[*Gll.* [*Aff* [²)		
	[*Scal.*		
35	Aptet	Apter *abc* Apte *α*	cafoaro
36	impleat *G*	aut inpleat	e*t*ho cafulle
		[(implet *c*)	
37	Aptam	Apta *ab* Aptā *c*³)	cafoari
38	congruam *Gc*	congrua *ab* con-	cafoarsamo
		[gruū *c*	
39		utilem	pitharpi
20, 1	Aptamus	Aptemus	soahemes
2	adiungimus *G*⁴)	adiungimus	camahomes
3		Afflata	pifuntan
4		inspirata *ac* -to *b*	ana plahit
5		inluminata	inliuhtit
6	Adicias	Adicias	zoa toa
7	addas *Aff*+	addas	zoa toas
8	Adeas	Adeas	zoa cangis
9	accedas *G*	accedas	zoa cali*t*his
10	Abba	Abba *ab*	faterlih
11	pater *G*	pater *ab*	fater
12	Adeptus	Adeptus *abcα*⁵) Ad.	pifangan
		[est *εζ*	
13	consecutus *GAII*	consecutus *b* con-	cafolgen*t*i
		[senectus *a*	

---

¹) broge *auf Rasur α.*
²) Gallus ἀλέκτωρ *G* VI, 482.
³) tā < t⁵ c², *vgl. sechste Spalte.*
⁴) Aptemus adiungamus *Aff*+.
⁵) *Über* e *ein Strich radiert c.*

	a	*b*	*c*	α und übrige Hss.
18, 28	= *aϑ	= *aϑ		
29	sahhari	sagchari		
30	in gilihnassi	in glihnissi	in gilihnussi	in galíhnisse
31	roahhari	roahchari		
32	= *aϑ	= *aϑ		
35	= *aϑ	= *aϑ	giuuoro [1]	kaforo
36	edo cafulle	edho cafulle	edo gifullit [1]	
37	= *aϑ	= *aϑ	kifuari [2]	
38	= *aϑ	= *aϑ		
39	pidarpi	pitharbi		
20, 1	soachemes	soahchemes [3]	sua chemes [4]	
2	= *aϑ	camahchomes	kimahomes	
3	= *aϑ	pifundan	= *b*	
4	ana plait	= *aϑ		
5	= *aϑ	inleohtit		
6	= *aϑ	= *aϑ		
7	= *aϑ	zoa tos		
8	zo gangis	= *aϑ	zo ganges	
9	zo galidis	zoa calidhis	zo galides	
10	= *aϑ	s. 2, 14 f.	= *aϑ [5]	
11	= *aϑ		= *aϑ [5]	
12	= *aϑ	= *aϑ	pifañ^{gan} [4]	cahalonti α kahalo-
13	cafolgendi [6]	endi cafolgandi		[ta εζ II, 314, 19

[1] *Am untern Rande mit Verweisungszeichen c².*

[2] ri *c² auf Rasur, vgl. zweite Spalte.* [4] *Korr. c².*

[3] *Das erste* e *mit Rasur aus* a. [5] *Hinter* 4, 34; *zu* 2, 14 f.?

[6] *Zwischen* a *und* f *ein senkrechter Strich, Ansatz zu* l?

	Q	a—ϑ lateinisch	*aϑ deutsch

20, 14	Adipiscit
	     Adipiscitur
		Adepiscit ab adipis-
		     [cit c
			pigizzit

15	adquirit AA	adquerit	casoahit
16	... obtinet [Affbc	obtenit	piniusit
17	Adepiscitur G	Adepiscitur	pigezzanti
18	consequitur [Gabd	consequitur[1]	cafolgenti
19		Amictum	umpifangan
20		uestimentum	uuat
21		indumentum ab s. [indumentum c	cacarouui
22	Ab stirpe	A stirpe	fona haerostin
23	ab origine [Affc+	ab origine	fona ufchume
24	Aliquantisper	Aliquantisper[2]	thuruh ethes ma- [nake

25	aliquandiu
	     [GAffbAII+
		aliquamdiu a ali-
		     [quandiu bc
			ethesui lango

26	Artus	Artus	foranontic
27	degita 2	digitus	fingar
28	membra 1	membra	lithi
29	noda Gcd	uel noda	etho zaihan
31	Arta	Arta	uuitharperc
32	angusta 2	angusta	angi
33	stricta 1 G	stricta	cathoinc
34	Antrum	Antrum	hol
35	... specus [Affbc+	specum	loh

[1]) *In b doppelt.*

[2]) per *vor* aliquandiu bc.

	a	*b*	*c*	α und übrige Hss.
0, 14	= *aϑ	= *aϑ	= *aϑ	
15	casohit	casoahchit		
16	= *aϑ	endi piniusit		
17	pigezzẹnti	pigeᶻzendi¹)		
18	cafolgendi	= a		kifolget d_1 IV, 7, 35
19	umbipifan-[gan	unpifangan ca-[nusgit	umpisuaifan	
20	= *aϑ	vuat	kiuati	
21	= *aϑ	cakarauui²)	inslauf³)	
22	= *aϑ	fona dhrume fona [herostin	fona drume	fona ouuahsti
23	= *aϑ	fon ufchume	fona ufgange	
24	duruhde so-mana ke-	thur edhes mana-[ge	eddes manege	
25	eddes uilan-geo	edhes in lango		
26	fronondic	foranondig	fornontic	
27	= *aϑ	= *aϑ	= *aϑ	d_1 IV, 4, 28 [= *aϑ
28		lidhi	lid	
29	edo zaihan	edho zaihchan		⁴)
31	uuidarperc	uuidharpert	uuidarperc	uuidarpergi
32	= *aϑ	= *aϑ	engi	
33	cadoinc	cadhuing	pistriᶜkit	
34	= *aϑ	= *aϑ	= *aϑ	
35	= *aϑ	hloh		hol

¹) pi|geᶻzandi] ge *am Zeilenanfang nachgetragen.*
²) *Das letzte a aus* u.   ³) uf *auf Rasur* c^2.   ⁴) +Articula zaeha.

	Q	*a*—*ϑ* lateinisch	*aϑ* deutsch
20, 36	(Antrum) ... spelun- [ca *Abde*+	spelunca *ab* spe- [cula: *c*	a i n o t i
37	Admissum (Admi- [sum *AII*)	Admissum	c a f r u m i t
38	peccatum	peccatū *a* -ta *b* [pecatū *c*	s u n t e
39	uel receptum [*AAff* abc*AII*	uel (*fehlt c*) [reatum	e t h o s c u l d
22, 1	Absit	Absit	f e r s i
2	longe sit *GdAff*	longe sit	r u m o s i
3	Abest	Abest	f e r i s t
4	deest *G*+	deest	u u a n i s t
5	Adest	Adest	a z i s t
6	presto (praesto [*Aff*) est *GAff*+	presto est *ac*	p i s e l p e m o i s t
7	Adesto	Adesto *abα* Adstare *c*	a z u u i s t h u
8	auxiliare *G*	auxiliare	h e l *p* f a n
9	Adero	Adero	a z p i m
10	auxiliabor	auxiliabor	h i l *p* f u
11	uel occorro *Gcd*	occurro	i n c a c a n h l a u f u
12	Addita	Addita	z o a c a t a n
13	adiuncta *Gc*	adiuncta	z o a c a m a h [ ] o t a
14	Addidit	Addidit	z o a t o i t
15	intulit *Gab*	intulit	p r i n g i t
16	Annuit	Annuit	p a u h n i t
17	Adnuit	adnuit	i n m a l e t
18	fauet	fauit	c a h a i z z i t
20	uel promittit 2 ... promit- [tit 2	promittit	f a r k i p i t c a h a i z [z i t

	a	*b*	*c*	*α* und übrige Hss.
20, 36	aeinoti	einoti		
37	= *aϑ*	= *aϑ*	kifrumit	
38	= *aϑ*	sunta		
39	edo sculd	edho sculd		
22, 1	= *aϑ*	= *aϑ*	= *aϑ*	*s.* 2, 24 f.
2	= *aϑ*	= *aϑ*	hrŏmo[1]) si	
3	= *aϑ*	= *aϑ*	= *aϑ*	*s.* 2, 26 f.
4	uuanna ist	= *aϑ*	= *aϑ*	
5	= *aϑ*	= *aϑ*	= *aϑ*	
6	= *aϑ*			
7	az uuis du	= *aϑ*	az stantan	= *a*
8	helfan	= *a*	= *a*	
9	az pin[2])	= *aϑ*	= *aϑ*	= *aϑ*
10	hilfu	= *a*	= *a*	
11	incagan [hlaufu	= *aϑ*		
12	zo catan	= *aϑ*		
13	zo camahhota	zoa camahchoha		
14	zo toit	zoaa toit	zo gatoit	
15	= *aϑ*	= *aϑ*		ana práhta
16	= *aϑ*	= *aϑ*	= *aϑ*	
17	= *aϑ*	= *aϑ*		
18	= *aϑ*	cahizzit		[3])
20	farkipit ca-[heizzit	cahaizzit		

[1]) *Korr.* c².
[2]) n < m.
[3]) +fouet lohot.

	Q	a—ϑ lateinisch	*aϑ deutsch
22, 21	consentit 1 *Aac* [... consen- [tit 1 *Affab*	consentit	cahangit
22	Abdicat	Abdicat	forquithit
23	abhominat	abhominat *a* [abom. *b* abom- [naz *c*	farhuuazzit
24	denegat	denegat *ac* deni- [cat *b* -eget *a*	farsahit
25	repudiat *Affa*	repudiat *ac* -dat *b*	fartripit
26	Alueus	Alueus *bcα* alueus *a*	straum
28	profundus	profundus	tiuffi
29	uel torrens *G*	uel *(fehlt c)* torrens	etho unslehti
30	Amnis	Amnis	aha
31	fluuius *Aff*+	fluuius	float
32	Aluus	Aluus *abc* aluus *α*	sinuuerpal
33	uenter *GAff*+	uenter *ac*	uuampa
34	Aletus	Aletus *a* Alitus *b* [elatus *c*	moasenti
35	nutritus *Gcd*	nutritus	foatenti
36	Alendum	Alendum *ab* [Alitum *c*	mastenti
37	nutriendum [*Gabc*	nutriendum	ceohanti
38	Altricem	Altricem	zuhtariun
39	nutricem [*GAffb*+	nutricem	foataraithi
40	Amittere	Amittere[1]	forsanten
24, 1	perdere *Aff*	perdere	farleosan
4	Amissis	Amissis [*b*	farsantem
5	perditis *Aff*+	perditis *ac* perdisti	farloranem

---

[1] A:mittere *mit Rasur von* m *α*.

	a	*b*	*c*	*α* und übrige Hss.
22, 21	= *a\vartheta*	= *a\vartheta*	gihengit	
22	forquidit	farchuidhit	farchuit	
23	faruuazzit	= a	leidazit	
24	farsahhit	farsahchit	= *a\vartheta*	= a
25	fartribit	= a	= *a\vartheta* [1])	
26	straū	= *a\vartheta*	straum 2	= a
28	tiufi	tioffi	tiufin d_1 IV, 3, 30	
29	edo unslehti	edho unslehti		
30	= *a\vartheta*	= *a\vartheta*	aha 1	
31	flohat	= *a\vartheta*		
32	sinuuerbal	= a	sinuuerpal [2])	innod
33	uuamba			
34	moasendi	moasandi	mosenti [3])	
35	= *a\vartheta*	foatandi		
36	= *a\vartheta*	mastendan		
37	= *a\vartheta*	zeohandi		
38	= *a\vartheta*	zuhtarum	zuahtrun	
39	foteraidi	foatareidhi		
40	farsantan	forsantan	farsaintan	selpfarlázan [4])
24, 1	= *a\vartheta*	= *a\vartheta*	= *a\vartheta*	
4	farsantan	farsantē	= *a\vartheta* [5])	
5	= *a\vartheta*	= *a\vartheta*	farlorenē	

---

[1]) p *mit Rasur aus* b.   [2]) l *auf Rasur.*   [3]) *Zu* Alitum 36
[4]) + amittere fleosan admittere zo toen *auf Rasur* α.
[5]) *Doppelt, das zweite Mal durch Punkte getilgt.*

	Q	a—ϑ lateinisch	*$a\vartheta$ deutsch
24, 6		Amputaui	farsnaid
7		tuli	canam
8	Apex Apex ...	Apex	a b c d
9	interdum	interdum	untar zouuaim
10	distinctio notę	tistinctio nocte a	cascait notono
	distinc-	[distinccio (-ctio	
	[tionis	[c) note bc	
	[nota $A\!f\!f$		
	[bcd+		
11	aut summa pars	aut (uel c) summa	etho thaz opora-
	teli ... G	pars teli (caeli c)	sta[1]) titulo
12	Audet	Audet	catar
13	ausus est A	ausus est	caturstic ist
14	Audenter	Audenter	caturstliho
15	confidenter G	confidenter[2])	catriulih[]o
18	Anathema	Anathema $ab\alpha$	farhuuazzan
		[-thama c[3])	
19	perditio 2	perditio ac -cio b	farlor
20	abhominabilis 1	siue abhominabilis	sama farmaini-
	[$A\!f\!f$	[(abom. bc)	[sot
21	Arundine	Arundine	raore
22	canna (uera)	canna	fetharfoatar
23	uel calamum G	uel calamo ełdo[4])	edo scripisarn
		[calamo a)	
24	Anudius tertia	A nudus tertia a	fona mittemo za
		[A nudus IIIa c	[thrittin
		[A nutus tercio b	
		[A' nudus α	
25	adie tertia A_2+	a die tertia	fona tage
		[(tercia b)	[thrittin
26	Aperit	Aperit	antluhit

[1]) $<$ oparosta *O.   [2]) *Das letzte* e *aus* u a.

[3]) *das zweite* a *zu* æ c^2.

[4]) ełdo, *aus lat.* ĭ *und herabgezogenem deutschem* edo.

	a	*b*	*c*	α und übrige Hss.
24, 6	= *aϑ	= *aϑ		apa farmeez
7	= *aϑ	canum		
8	= *aϑ	abcds	= *aϑ	
9	untar zuaim	undar zouuaim		
10	= *aϑ	= *aϑ		
11	edo daz opora-stic titulo	edho thaz opo-raista titulo		
12	= *aϑ	= *aϑ	kitar	
13	= *aϑ	catursig ist	kituristic ist	
14	caturstlihho	caturslihcho	kitursliho	katrust:lihho [1]
15	catriulihho	catriulihcho		
18	farhuuazan	faruuazzan	ahtunga	farhuazzan
19	= *aϑ	farlos		
20	sama far-[meinisot	samo farmain-[sot		
21	= *aϑ	rora	rota [2]	raorre:
22	fedarfotar	fedharfoatar		fedarfotar [3]
23	= *aϑ [4]	edho scripisarn		
24	fona mittemo [za drittin	fona mitmemo za [thrantin tage	fona zadrin tage	fona disu nu
25	fona tage [drittin [5]	fona tage [thrittm [6]		
26	= *aϑ	antluhchit	inluhit	

[1] + ꝥ Reriter ernustlihho fiducialiter paldlihho.
[2] > r^uata c².   [3] *Davor* rorre ł *übergeschrieben.*
[4] *S. zweite Spalte.*   [5] in < m?   [6] tag&. hrittm.

	Q	*a—ϑ* lateinisch	**aϑ* deutsch
24, 27	ostendit *GabAff*	ostendit	caaugit
28	[1]	Agebat	toat
29		gerebat	teta
30	Arces	Arces	maistar
31	aedificia	edificia *ac* aed. *b*	cimpro
32	summa	summa	haohostono
33	uel palatia munita [*Gabc*	uel palatia munita [*ab* munita *α*	ethophalance ca⸗ [fastinot
34	Arcis	Arces	chraf
35	iuga	iuga *a, c* 2 iugu *b*	ioh[ ]o
36	summa	summa *ab, c* 1	haohi
37	montium *Gabc*	montium	pergo
38	Architectus	Architector *abc*[2] [Architectus *α*	haerosto thacheo
39	qui domum tegit [uel coferit [*Gabc*	qui domum degit [(tegit *bc*)	ther thaz hus [thachit
26, 1	Arcedti	Architi *a* Arcity *bα* [Archidiis *c*[3]	haerostun
2	uocati *AA*	uocati	canamte
3	Arcet	Arcit *ab* Arcet *c*	ni lazzit
4	uetat	uetit *ab* uetat *c*	uuarit
5	prohibet *G*[4]	prohibit *ab* prohi- [bet *c*[5]	furipiutit
7	[4] Arcire	Arcire	tripan
8	repellere *Gcd*	repellere	fartripan
9		Arcentibus	pipeotantem
10		prohibentibus	piuuariantem
11	Arcarius	Arcarius *a* Arcariui [*b* Archarius *c*	muntporo

---

[1] Agebat ἔπρασσεν *G. IV, 44b.*   [2] *Ebenso a* 28, 18 *und b* 26, 21
[3] + Architi uocati 26, 6.   [4] *Zu* 26, 6 *s.* 26, 1.
[5] ‚p:hibet] h *ausradiert c.*

	a	*b*	*c*	α und übrige Hss.
24, 27	= *aϑ	= *aϑ	iraugit	
28	tot	= *aϑ	toet	
29	= *aϑ	= *aϑ		
30	= *aϑ	= *aϑ	mei:stra[1]	hnolla
31	cimbro	zimbro	zīprida	
32	hohostono	= *a*	haohosta	
33	edo phalance [cafastinot	edho falanzo fa- [stinot		festiu
34	= *aϑ	hchraft	craf	
35	iocho	iohcho		
36	= *aϑ	hohi		
37	= *aϑ	= *aϑ		
38	haerosto da- [cheo 28, 18	herosto thagchio [26, 21		der haohspaho[2]
39	der daz hus [dachit	ther thaz hus [thacchit	der hus deickit	
26, 1	herostun	eiscote herostun	(is)cote[3] hero- [ston	de herostun[4]
2	= *aϑ	= *aϑ		
3	= *aϑ	= *aϑ	ni lazit	
4	= *aϑ	= *aϑ		
5	= *aϑ	furibiutit		
7	= *aϑ	triban	= *aϑ	
8	fartriban	= *a*		
9	= *aϑ	= *aϑ	pipeotantē	
10	piuuargen- [tem	= *aϑ		
11	= *aϑ	= *aϑ	= *aϑ	

---

[1]) *Ursprünglich* mest . . .   [2]) + id est magister.

[3]) is *zum Lat. gezogen.*

[4]) *Hiezu am Rande zwei* ɀ-*ähnliche Zeichen.*

44

	Q	a—ϑ lateinisch	*aϑ deutsch
26, 12	dispensator *Gabcd* [*Aff abc(AII)*+ [¹)	dispensator	scario trisouues [pigankeo
13	Arcanum	Archanum *ab* Arca- [num *c*	fraonisc
14	scretum	secretum	carati
15	occultum ... *Gab*	occultum	caholan
16	Archana	Archana	fraonisc
17	Aduta	adita *a* Adita *b*	zoa catan
18		abdita *a* Aldita *b*	farnoman
19	secreta... *Abde*+	secreta	ainrati
20	occulta [*Leid.*	occulta²)	caholan farpan- [nan
22		Azymis *a* Acimis *b* [Azimis *cα*	uuizzothprot
23		oblationibus *acα* [-cionibus *b*	oblatono
24		Auenis	fon athrom
25		retenacolis *ab* [-culis *c* retina- [culis *α*	pizocan
26	Aggere	Agere	toan
27	strata	strata	arthanit
28	siue	siue	so sama castra- [uuit
29	uia publica *A₂*	uia puplica (plub- [lica *c*³)	
30	Autumant	Autumant	arplahanti
31	dicunt	dicunt⁴) *ac* [dicun *b*	quethant

¹) *Vgl.* 24, 38.
²) *Hier folgt in b* 26, 21 Architector herosto thagchio, *vgl.* 24, 38.
³) b *mit Rasur aus* p.
⁴) dicũt *a*.

	a	*b*	*c*	*α* und übrige Hss.
26, 12	scario + trisu- [ues pigan- [keo 24, 38	scaro + trisouuer [pigangeo [24, 38	tresoes pigengio [24, 38	
13	= *aϑ	fronisg		
14	= *aϑ	= *aϑ		
15	= *aϑ	= *aϑ		
16	fraonsc¹)			
17	= *aϑ	= *aϑ		
18	= *aϑ	= *aϑ		
19	= *aϑ	= *aϑ		
20	caholan far- [bannan	caholā farbannan		
22	uuizzothpot	uuizhoţpt	uuizod	(Azimis
23	= *aϑ	= *aϑ		oblationibus id est) [derpem
24	fon athroni	uon adhrom	fon adrom	
25	pizogan	= *aϑ		pizogum²)
26	= *aϑ	= *aϑ	= *aϑ	
27	ardanit	ardhanit		
28	so sama	castrauuit		
29		cafundaner		
30	= *aϑ	arplahandi	arplahant	
31	quedant	chuedhant		

¹) fraoinsc?

	Q	*a—ϑ* lateinisch	**aϑ* deutsch
26, 32	aestimant *G*	estimant *a* [stimant *bc*	uuanent
33	Austeritas	Austeritas	apohnassi
34	seueritas *Aff*+	seueritas	slizzanti
35	(Austeritas) amari- [tudo *G*	amaritudo	pittri anti crim- [mi
36	Austerior	Austerior	crimmira
37	agrior *Affbc*	agrior	surira
38	Aegrus	Aegris *a* Egeris *b* [Egris *α*	untharalih
39	inbecilis	inbicilis *b* [inbicili *a*	uuaih
40	inualidus *Affa*	inualidis *ab* inua- [lidus *α*	unmahtic
28, 1	(Aeger) molestus [(tristis) *A*	molestis *ab* -us *α*	uuaih
2	Editus	Aeditus *a* Editus *b*	cascaffan
3	natus *Aff*	natus	caporan
4	Aemulus	Aemulis *a* -us *b*	antharonti
5	imitatur *Gc*	imitatur *a* inmita- [tur *b*	antharari
6	Aemulo	Aemulo *a* Emulo *b*	antharom
7	inuido *Gabc*	inuido *a* -io *b*	apansticom
8	Aemula	Aemula *a* -lo *b*	antharonta
9	imitatrix	imitatrix *a* inmi- [tatrix *b*	anthara
10	seu aduersa [*GabAff*[1])	siue aduersa	so sama uuithar- [ort
11	Aemulatio	Aemulatio *a* Emula- [cio *b*	antharunga
12	zelus	zelus	anatho
13	contentio	contentio *a* -cio *b*	pacunga
14	inuidia *Gcd*	inuidia	apanst

---

[1]) *Ohne* seu.

	a	b	c	α und übrige Hss.
26, 32	= *aϑ	uuanant abohnissi	apohnissi	
33	abohnassi			
34	= *aϑ	slizzandi		
35	= *aϑ	pittri	= b	
36	= *aϑ	= *aϑ	= *aϑ	crimmiro
37	= *aϑ	surora	surara	
38	undaralih	undharalih		siuhhen
39	= *aϑ	= *aϑ		
40	unmahtik	unmahtig		= *aϑ
28, 1	= *aϑ	uuaih		unsemfti
2	cascafan	:cascaffan		
3	= *aϑ	= *aϑ		
4	= *aϑ	anttrondi		
5	= *aϑ	antrari		
6	= *aϑ	antrom		
7	abanstigom	apanstigom		
8	antharota	antronda		
9	= *aϑ	antrarit		
10	so sama uui-[daront	so sama uuidhar-[uuert		
11	= *aϑ	antrunga		
12	anado	ando		
13	pacuncta	pagunga		
14	abanst	= *aϑ		

	Q	a—ϑ lateinisch	*aϑ deutsch
28, 15	Aestuaremus	Aestuaremus aα ̯[Est- b	arhaizzemes
16	ferueremus	ferueremus aα ser- ̯[uemus b	aruuallemes
17	anxiaremus A_2	hxierimus¹) ²)	arangustemes
19	Aedes	Aedes aα Nedes b	cathum
20	domum	domum	hus
21	uel templa AII	uel templum	etho tempal
22	Asylum	Asilium a -lum α ̯[asilum b	ainlot stat
23	locus	quod est locus ̯[(lucus b)	thaz ist stat
24	sacer romae... Aff	sacer (Sacer δ) ̯[rome (romę b ̯[fehlt αδ)	unrumu³)
25	Aemolumentum	Aemulumentum	cauuin
26	lucrum	lucrum	castriuni
27	uel quęstum Gabd	uel questum (que- ̯[situm α)	etho pigezzan
28	Aequiperant	Aequiperant	camah[]ont
29	ęquant	aequant	caepanont
30	conpensant	conpinsant a con- ̯[sp. b	scauuuont
31		c̄cordant a c̄nar- ̯[dant b concor- ̯[dant α	casonent
32	similant Gab	similant	calih[]ent
33	Aequae	Aeque	epano
34	iustae G iuste ̯[Affc	iuste	rehto

¹) h:xierimus] *Rasur eines Striches, etwa Ansatzes zu* n a, aruualle mechxierimus b, [a]nxierimus *O.

²) *Hier folgt in a* Architector haerosto dacheo: *vgl.* 24, 38.

³) < *uuih *rumu *O.

	a	*b*	*c*	*α* und übrige Hss.
28, 15	$= *a\vartheta$	arheizzemes		arheizzetim
16	$= *a\vartheta$	aruuallemec[1])		aruuelim
17	$= *a\vartheta$	$= *a\vartheta$		
19	cadum	cadhum		kadum
20	$= *a\vartheta$	$= *a\vartheta$		
21	edo tempal	edho tempal[2])		
22	$= *a\vartheta$	$= *a\vartheta$		hailac stat
23	daz ist stat	tha:z ist stat		
24	$= *a\vartheta$	unrumiu		uuiih *α* uuih *δ* [I, 243, 13
25	$= *a\vartheta$	$= *a\vartheta$		laon
26	$= *a\vartheta$	$= *a\vartheta$		
27	edo pigezzan	edho pigezzan		pikezzan
28	camahhont	camahchont		kepanlihhont
29	kaebanont	capanont		kepanont
30	scauuont	$= *a\vartheta$		
31	$= *a\vartheta$	casonant		kazūftent
32	calihhant	calihchant		
33	$= *a\vartheta$	$= *a\vartheta$		$= *a\vartheta$
34	$= *a\vartheta$	reht		$= *a\vartheta$

[1]) *S. zweite Spalte.*
[2]) uel templum. edho tempala. inlotstat.

	Q	a—ϑ lateinisch	*aϑ deutsch
28, 35	Aequitas	Aequalitas *a* Aequi- [tas *b*	epani
36	iustitia *Vat. 1471*	iustitia	rehti
37	Aequalentiae	Aequalante	epancalih[]emo
38	semile	simile	calih[]emo
39	diuisione *G* ¹)	diuisione	cascaite
40	Egestas	Aegesta *a* -as *bα*	uua*th*ali
30, 1	(penuria) inopia [*Aabcde*	inopia	armi*th*a
2	Aequora	Aequora	epani*th*a
3	maria	mare	s*a*eouui
4	uel campi ... [*Aff*+	uel campi	e*th*o fel*th*ir
5	Aestus	Aestus *a* Estus *b*	haizzi
6	calor	calor *abʿ* Calor *α*	souuiluceom
10	uapor	uabor *a* ²) uapor *b* [Vapor *α*	arslacan
11	anxietas *Affbc*	anxietas	angi*th*a
12 f.	Aeuo grauis	Aeuo grauis *a* Aeuo [crauis *b*³)	alti souuar
14	sexu	sexu *ab* Sexus *α*	haiti
15	infirmus	infirmus	unmahtic
16	uel aetate *Affb*	uel ętate (etate *b*)	e*th*o ana alti
17	Aeuum	Aeuum *a* Aeuu *b*	alti*th*a
18	aetas uel tempus [*Gc*	aetas (ętas *b*) uel [tempus	alti e*th*o ciit
19	Aeuitas	Aeuita *a* Euita *b* [:euitaʿ *α*	pipirc
20	aetas *G*	aetas *a* ętas *b*	alti
21	Auulsus	Aeuulsus *ab* Auul- [sus *d₁α*	piuualcit

---

¹) Aequa lance simile diuisione *Gab.*

²) a < u.   ³) crauis *hinter* alti.

	a	*b*	*c*	α und übrige Hss.
28, 35	= *aϑ	ẹpani		
36	= *aϑ	= *aϑ		
37	spancalih-[hemo	aepancalihchemo		
38	calihhemo	calihchemo		
39	cascaitte	= *aϑ		
40	uuadalih	uuadhali		zadal
30, 1	armida	armidha		= *a*
2	epanida			seo uuazzar
3	seouui			
4	edo feldir	edho feldhir		
5	heizzi	haizi		
6	suiluceom	souuilizzo		hizzea ł uuarmi[1])
10	arslagan	= *a*		daum
11	angida	angidha		
12 f.	alti suuuar	= *aϑ		
14	= *aϑ	eiti		heit
15	= *aϑ	unmahtig		
16	edo ł anu alti	edho ana alti		
17	altida	aldidha		
18	alti edo ciit	ziz[2])		
19	= *aϑ	pipirg		iruuis[3]) ł piuuarte
20	= *aϑ	aldi		
21	= *aϑ	piuualzit		aruualziz α keschei-[dan *d₁* IV, 4, 22

[1]) + caumate suilizunga + Sapor kasmacho α kasmaha δ I, 243, 14.
[2]) *Das letzte* z *vom Rubrikator zu* t *korr.*   [3]) *Auf Rasur.*

4*

	Q	a—ϑ lateinisch	*$a\vartheta$ deutsch
30, 22	separatus	separatus ad_1 [seperatus b	arscaithan
23	abductus	abductus	farlaitit
24		Aethyops a [Aetihiobs b	maori
25		gens	chunni
26		sub occasu	incacan sunnun [sethale
27	Aetiopia	Aethiopia	
28	tenebrae *Lib. Gll.* [*Vat. 1773*	tenebre	
29	Aenigma	Aenigma ab :enig- [ma α	camah[]itha
30	tipus 3	typus	calihnassi
31	siue 2 figura 1	figura	calih[]itha
32	uel species [*Gll. Scal.*	uel species	etho scaoni
33	(Enigma)	aliter	antharuuis
34	obscura (intelle- [gentia) *Aff*	obscura	tuncli
35	Aeternum	Aeternum	eo uuesanti
36	perennem	perennem	eo uuonenti
37	perpetuum	perpetuum	} so samo
38	sempiternum *Gc*	sempiternum	
39	Egomet	Aegomet	ih[]a
32, 1	ego ipse *Vat. 1471*	ego ipse	ih selpo
2	Ego inquid (inquit [*AII*)	ego inquid [1]	ih quad
3	ego dico *AffAII*	ego dixi [2]	ih quithu
4	Arcessire	Arcessire (Arcessire a)	soahen
5	accire	accire ab acere c [arcire α	halon

---

[1] *Lemma* *O.   [2] $<$ *dico* *O.

	a	*b*	*c*	*α* und übrige Hss.
30, 22	arsgeidan	arscaidhan		
23	farleitit	= *aϑ		intleitit
24	moori	mori		
25	= *aϑ	= *aϑ[1])		
26	incagan sun-[nun sedalt	incagan sunnun [sedhale		
27		mo:ri		
28		finstre		
29	gamahhida	camahchida		ratussa
30	galihnessi			
31	galihhida			
32	edo scaoni	edho sconi		
33	andaruuis	and::hrauuis [2])		
34	= *aϑ	tunchi		
35	eo uuesandi	eo uuerandi		
36	ea[3]) uuonendi	eo		
37	} = *aϑ	vuonandi		
38		susamo		
39	ihha	ihcha		
32, 1	ih selbo	= *a*		
2	ih hquad	ih qhuad		
3	ih quidu			
4	soahhen	suahchan	sohan	ladon
5	= *aϑ	holon	= *aϑ	= *aϑ

---

[1]) h *aus Korr., über* hu *noch ein Strich.*
[2]) *Der erste radierte Buchstabe* r.   [3]) a $<$ u.

	Q	$a - \vartheta$ lateinisch	*$a\vartheta$ deutsch
32, 6	euocare A_2	euocare	lathon
7	Aditus	Aditus	zoacant
8	introitus	introitus	incant
9	(ingressus) acces-[sus $Aff\,abc$	accessus	zoa calithant
10	Aculeus	Aculeus	orthuuasse
11	stimulus $A\,Aff\,ac$	stimulus ac [stimolus b	steh[]unga
12	(Arguet	Argues	thrauuis
13	increpat	increpas	sahis
14	uel docet Gd)	doces	laeris
15		Attritus $ab\alpha$ Atri-[tus $c\vartheta$	farthroscan
16		diminutus	farmulit
17	Abstrusum	Abstrusum	ungamah
18	Clandesti-[num	glandestinum a [cl. bc	ungalimpfliih
19	latens 2	latens	tarni
20	occultum [$Aff\,bc$	occultum	tuncal
21	remotum 1 [$Aff\,AII+$	siue remotum abc [Rem. $\alpha\vartheta$	so sama aruua-[git
22		Abstractum [1])	farzocan
23		subductum [1])	farlaitit
24	Auidus	Auidus ab auid. c	kiri
25	auarus (cupidus) Gcd	auarus $b\alpha$ Auarus [c auarcarus a [2])	arc
26		insaciabilis	unfollih

---

[1]) *In a erst* 34, 26f. *und* 36, 9f.   [2]) *S. sechste Spalte.*

		a	b	c	α und übrige Hss.
32,	6	ladon	ladhon		
	7	zoacanc	zoᵃcant	zoganc	incanc zuakanc d_2
	8	= *aϑ	ingant	inganc	[IV, 3,62
	9	zoa calidan	zocalidhant	zo galidᵃnt	
	10	ortuuuasse	ortuuassa	orthuuassa	ango¹)
	11	stechunga	stehchu:::nga	gart	
	12	= *aϑ	= *aϑ	drauuis	
	13	= *aϑ	sahchis		
	14	= *aϑ	leris		
	15	farthrosgan	farthrosᵇan	fardroskan	fardroscan ì phinot [α ferzoran fer- [throscan ϑ
	16	= *aϑ	= *aϑ		[IV, 2,22
	17	= *aϑ	= *aϑ	ungimah	
	18	ungalimhfliih	ungalīfalih	uuidarzomi	
	19	= *aϑ	= *aϑ	kiborgan²)	
	20	= *aϑ	tunchal	tunclo³)	
	21	= *aϑ	so samo aruuagit	sama kiᵖorit	arhrorit α erruarit [ϑ IV, 18, 40
	22	farzogan [34,26 u. 36,9	= *aϑ	= a	arzogan
	23	farlaitit 34,27 [farleitit 36,10	= *aϑ	urleitit	
	24	= *aϑ	= *aϑ	= *aϑ 2	
	25	= *aϑ⁴)	arg	= *aϑ 1	nefkerer ì arc⁵)
	26	= *aϑ	unuollanlih		

¹) *Vor* ango *Rasur.* ²) b *mit Rasur aus* p, g *desgl. aus* a.
³) clo *auf Rasur* c². ⁴) *Auch in* auarcarus, *s. dritte Spalte.*
⁵) *Vgl.* Auaritia nef kiri *εζ II, 314, 37.

	Q	a—ϑ lateinisch	*aϑ deutsch
32, 27		aliter *b* Aliter *a*	an*t*haruuis
28	(Auidus) inprobus	inprobis (-us *α*)	a*p*oh
28a	sollicitus *Aff c*	seuus¹)	slizzan*t*i
29	Ad culmina	Ad culmina	za haohi*t*hu
30	ad sublimia ...	sublimia *a* subli-	uflih[]eru
	[*Aff*	[m¹a *b*	
31	Aer	Aer *acα* Er *b*	souuep
32	inter caelum	inter caelum (ce-	untar himile
		[lum *b* cęlum *c*)	
33	et terram *Gab*	et terram	anti er*t*hu
34	Arcem	Aerem *ac* Erem *b*	luft
35	cacumen	cacum̃ *a* cacumen	hnach
		[*b* cacumem *c*	
		[Cacumen *α*	
36	summitatem *Aff*	uel summitate *ab*	etho oparosto
		[-tē *c*	
37	Aerarium	Aerarium *aα* Erari-	caperc
		[um *b*	
38	thesaurum (ten-	thesaurum	triso
	[saurum *Ad*)		
	[*GabAd*		
39	Argiui (Archiui	Argeui *abc* Argiui *α*	liuti
	[*Aff*)		
34, 1	greci	greci *ab* gręci *c*	chrechi
2	uel mędi (medi *Aff*	uel (uel *c*) medi	etho mittilari
	[medii *AII*)		
	[*GabdAffAII*		
3	Asiani (Assiani *AII*)	Asiani *a* Asiam *b*	lantscaf
		[Assiani *c*	
4	greci *AffAII*	greci *ac* creci *b*	chrechi
5	Ausonia	Ausonia	
6	italia *AffAII*	italia	

¹) *Vor* aboh *b*.

	a	b	c	α und übrige Hss.
32, 27	andaruuis	andhruuis		
28	aboh	= a		fraụali ungauuarer
28a	slizzandi	= a		
29	za haohidu	za hohidhu	za hohidu:	
30	uflihhero	edho uflihcheru		
31	suep	uuep¹)	suep	luft
32	= *aϑ	undar himile		
33	anti erdu	endi erdha		
34	= *aϑ	= *aϑ	lulf²)	
35	hnahc	= *aϑ		hnol
36	edo³) aparosto	edho oparosto		
37	= *aϑ	caperg		kaperc trisuhus
38	= *aϑ	= *aϑ		
39	= *aϑ	= *aϑ	= *aϑ	= *aϑ
34, 1	= *aϑ	chreachi		
2	edo mittilari	edho mitilari		
3	= *aϑ	= *aϑ	= *aϑ	
4	= *aϑ			
5				
6				

---

¹) Eruuep, s. *dritte Spalte.*   ²) lf *auf Rasur (von* p:?) c².
³) đ < t.

	Q	a—ϑ lateinisch	*aϑ deutsch
34, 7	Affluentia	Afluentia *a* Affl. *ba*	uparfleozzanti
8	abundantia [GabAff	abundantia *a* -tan- [cia *b*	canuht
9	Anticipat	Antecipat *ab* Antic. [*c* Anti:cipat *α*	furislahit
10	praeoccupat [Affabc+	praeoccupat *a* pre- [*b* prę- *α* pre- [cunctat *c*	pifastinot
11		Adtentius *ab* -cius *c*	pihaltantliho
12		diligentius	kernliho
13	Administrat	Administrat	ampahtit
14	procurat ... [Affbc+	percurat *ab* proc. *c*	scira hapet
15		siue sugerit *ab* [Suggerit *aδ*	so sama spanit
16	Adcelerat	Adcelerat *aα* [Adcęlerat *b*	hrato
17	adpropriat	adpropiat	nahit
18	uel festinat [Vat. 3321 bcd	festinat	ilit
19	Ad officium	Ad officium	za opfaronne
20	ad ministerium [Affab	ad (ab *c*) ministe- [rium	za ampahtenne
21		ad obsequium	za striunenne
22		Ad liquidum	za ainualtemu
23		ad purum	za hluttremo
24	Adoleuit	Adoliuit *a* -euit *cα* [Adoluit *b*	uuahsit
25	creuit Vat. 3321 [bcd	creuit [¹)	uuahsanti
28	Adoliscit	Adolisçit *a* Adolicsi *b*	uf cangit
29	crescit *A*	crescit	uuahsit

¹) Vgl. 32, 22 f.

	a	*b*	*c*	*α* und übrige Hss.
4, 7	uparfleoz- [zandi	= *a*		fleozantiu
8	ganuht	= *aϑ*		
9	furilahit	= *aϑ*	farslahit	furifangot[1]
10	= *aϑ*	= *aϑ*		furi qhuimit
11	= *aϑ*	pihaltantlihcho	pihantantliho	
12	kernlihho	gernliho		
13	= *aϑ*	ambahtit	zo ampahᵗit	
14	scerco habet	scira habat		
15	= *aϑ*	spanit		spenit *α, δ* I, 243, 15
16	= *aϑ*	= *aϑ*		zo ilit
17	= *aϑ*	= *aϑ*		
18	= *aϑ*	= *aϑ*		
19	zo offoronne	za opfrono	zo ampahtan	
20	= *aϑ*	za ābahtanne		
21	= *aϑ*	za striunanne	za gastriunanne	
22	= *aϑ*	= *aϑ*	zeimualtemo	
23	za lutremo	za lutᵣa::mo[2]	zi lutremo	
24	= *aϑ*	= *aϑ*	uuohs	
25	= *aϑ*	uuahsandi		
28	uf gangit	= *aϑ*		
29	= *aϑ*	= *aϑ*		

[1] fang *auf starker Rasur.*   [2] *Radiert ist* re.

	Q	a—ϑ lateinisch	*aϑ deutsch
34, 30	Adolere	Adolere *ac* Adolore *b*	souuecchen
31	incensum offerre	incensum offerre	uuihrauh prin-
	[*AII*	[*ab* Incensum α	[gan
32	Ait	Ait[1])	quad
33	dicit	dicit	quithit
34	canit (aut dixit) 2	canit *ab* Canit α	singit
35	fatur 1 *Affbc*	fatur	gihit
37		Aspera	sarpf
38		orreda *ab* orrida *c*	uuithar ruzzant
		[Orridum α	
39		tristis	unplithi
40		dura *ab* aduersa *c*[2])	harti
36, 1	Annua	Annua	iares picanc
2	anniuersaria *Aff*	anniuersaria *ab*	iares umpi-
		[annuersaria *c*	[huuarft
		[Anniu. α 30,9[3])	
3	Aduersa	Aduersa *b* aduersa *a*,	uuitharort
		[*c* 34, 40	
3a	contra posita *Aff*		
4	Absurdum	Absurdum	ungaman
5	dispar ... *Affb*	dispar *ac* Dispar α	ungalih
6	(Absurdum) ... in-	incongruū *a* -uo *b*	ungafoaro
	[congruum *A*	[-uum *cα*	
7	Auia	Auiam *abc* Auia: α	auuicgi
8	extra uiam (uia *G*)	extra uiam	uruuicgi
	[*G Vat. 1471*	[4])	
11	Auelli	Auelli *abα* Auellit *c*	aruualce
12	(abrumpi) tolli *Aff*	tolli *abα* tollit *c*	arzuche neman[5])
14	Ambit	Ambit[6])	ficeot

---

[1]) Ait::] diē *ausradiert c?*   [2]) *Vgl.* 36, 3.
[3]) *Das letzte a aus i* α.   [4]) *Vgl.* 32, 22 f.
[5]) neman *fehlt* *O.   [6]) *S. S.* 61 *Anm.* 4.

	a	b	c	α und übrige Hss.
34, 30	suuuecchari	souuelchan	= b	
31	= *aϑ	uuirauh pringan		uuihrauh
32	quad	qhᵛad	chuad	
33	quidit	qhuidʰit		
34	= *aϑ	= *aϑ		= *aϑ
35	= *aϑ	= *aϑ		
37	farf	sarf	= *aϑ	
38	uuidhar ruz-	uuidhar ruz-		ingruentlíh ¹)
	[zand	[zant		
39		unplidhi		
40	= *aϑ	hart		
36, 1	iare picanc	iares pigang	iares piganc	
2	iares ūbi-	iares umbiuuerf	iares ūpiuuærft	iares umpihuurfti
	[uuarsfi			[30, 9
3	uuidarost	uuidharuuert ²)		
3a				
4	= *aϑ	= *aϑ	ungimah	
5	unkalih			= *aϑ
6	= *aϑ	= *aϑ		ungalimflih
7	auuicki	= *aϑ	= a	= a
8	uruuicki	= *aϑ	uzan uueges	
11	= *aϑ	aruualze	arzogan	arzuki
12	arzuhche ne-	arzucche ³) ne-	nimit	neman ⁵)
	[man	[man ⁴)		
14	= *aϑ	fizzeot	fizˢeot ⁶)	pihapet

---

¹) *Vorher Zusatz* Iubilatio sango scaonista.

²) uuⁿidhar, *d. h.* n *durch zwei Punkte in* i *korr.*

³) z < c?   ⁴) Nemam̈bit.

⁵) + tolle nim.   ⁶) *Korr.* c².

	Q	a—ϑ lateinisch	*aϑ deutsch
36, 15	circuit *Vat. 3321*	circuit	umpi cat
16	(Ambit) circumdat	circumdat	umpi hapet
	[... *Aff*		
17	Ambire	Ambire	zouuiflon
18	circuire *Verg.*	circuire	umpi cangan
	[*abcdeg*		
19	Abluit	Abluit	aruuasgit
20	emundat *GcAff*	emundat	cahrainit
21	Angerere	Angere	angan
22	lacerare	lacerare	slizzan
23	cruciare *Cas. 90*	cruciare¹)	pfinon
24	Agili	Agili	sarpf
25	acuto *Aff* Acuto	acuto *ab*α acuta *c*	orthaft
26	aspero	aspero	apoh
	[*Aff*	[*ab* } seu as-	
27		seuo *ab* } [pero *c*	slizzanti
28		malo	upil
29	Alias	Alias	anthre
30	aliter *GAff*+	aliter	antharuuis
31		Ab orrea	fona chornhus
32		manacio *ab* man-	uualonti
		[natio *c* ²)	
33	Aruspes (-ex *Affbc*)	Aruspes *ac* Arupes *b*	parauuari
		[*fehlt f*	
34	qui ad aras (-am	qui ad aras (ora *b*)	the za themo
	[*Gc*)sacrificat	[sacrificat (sacr.	[parauue
	[*GcAffbc*(+)	[*fehlt c*)	[ploazzit
35	Ariolus	Ariolus	ainlisteo
36	uatis	uatis *ac* vatis *b*	filu...

¹) *Nach Steinmeyer: ac*α.   ²) *Vgl.* 42, 2.

	a	*b*	*c*	*α* und übrige Hss.
36,15	umbi cat	= *a*		
16	umbi habet	= *a*	ūbigibit[1])	
17	zuuuiflon	zouuuilon	zui^{u}lon[2])	
18	umbi cangan	= *a*		
19	aruuaskit	= *aϑ	= *a*	
20	= *aϑ	carainit		
21	= *aϑ	angā	a^{n}gan[2])	sorgen
22	= *aϑ	= *aϑ		slizan
23	= *aϑ	finon		phinon
24	sarph	sarf	sarpfemo	snellemo
25	= *aϑ	= *aϑ	uuassemo	huazsemo
26	aboh	= *a*	sama pittremo	
27	= *aϑ	slizzan[3])		
28	ubil	= *a*	upilemo[4])	
29	andre	andhre		
30	andaruuis	andharuuis[5])		
31	= *aϑ	= *aϑ	= *aϑ	
32	= *aϑ	uualondi		
33	= *aϑ	= *aϑ	parauari	
34	de za demo [parauue [ploazzit	the za[6]) themo [uuedhar[7]) [ploazit	dee zi demo ki- [pete kiltit [plozit	parafriđ uuisun f II, 314, 43[8])
35	= *aϑ	= *aϑ	einlisteo	anapetari
36	filu	= *a*		

[1]) c^2.　　　　[2]) *Korr.* c^2.

[3]) seuo. malo. slizzan. ubil.

[4]) p *mit Rasur aus* b, *schmale aufsteigende Rasur über* i.

[5]) uuis *nachgetragen.*　　[6]) the za *hinter* parauuari.

[7]) dhar *auf Rasur.*　　[8]) *D. i.* paraf[a]ri d[e].

	Q	$a-\vartheta$ lateinisch	*$a\vartheta$ deutsch
36, 37	qui et fariolus [*GcAffab*	qui et fariolus	anti filulisteo *Æ*
38, 1	Ardalio	Ardalio	farslintanti
2	glutto *G+*	glutto *a* clutto *b*	farsouuelgant*i*
3	Austa	Austa[1]	zoa thankenti
4	putata (pot. *Aff*) [*GcAff*	putata *ab* potata *c*	uuanenti
5	Auxerat	Auserat	an*tp*aiz
6	gustauerat *Aff*	gustauerat	cachunneta
7	Abominabitur	Abominabitur[2]	farhuuazzan
8	alienabitur	alienabitur *ac* [-bit *b*	arfirrit
9	damnabitur *A₂*	damnabitur *ab* [Damnabitur *α*	cauuizzinot
10	Absorbuit	Absorbit[3]	arsuffit
11	assumpsit	absumit *ab* ads. *c*	farnimit
12	deglutiuit *A₂*	degluttiuit *ab* [deglutiuit *c*	farsouuilgit
13	Absorta	Absorta	farsoffano
14	gluttita *Vat. 1468*	degluttita	farsouuolgano
15	Athor *Affc*	Athor *a* Adhor *bc*	liutscaf
16	Achus	acus *a*[4]) achus *b*	liut
17	graecus grecus [*Affc* [*AII*	gregus *a* cregus *b* [grecus *c*	chre[]ch
18		Animaduerto	moatzoahuuar- [pithu
19		animum	moat
20		illuc (-ic *c*) aduer- [to[5]) (aduer *b*)	thara zoauuanti

---

[1]) Austa*ț a*.
[2]) Abomiṅatur *c*.
[3]) Abso_rbit *Korr. c²*.
[4]) *S. sechste Spalte.*
[5]) aduerto auuandi *hinter* Animaduersio *a*.

	a	*b*	*c*	α und übrige Hss.
6, 37	= *aϑ	endi filulisteo		
38, 1	= *aϑ	farslindandi		
2	farsuuel-[gandi	farsouuelgandi		
3	zoa danchendi	zoa thanchandi	zo deinkenti	zo denchenti
4	uuanendi	uuanandi		
5	anbaiz	= *a*		inpeiz
6	= *aϑ	= *aϑ		
7	faruuazzan	= *a*	faruuazit	
8	= *aϑ	ar:uirrit	arfremidit	
9	= *aϑ	= *aϑ		ist kanidarit
10	= *aϑ	= *aϑ	arsufit	
11	= *aϑ	= *aϑ	= *aϑ	
12	farsuuuilgit	faruuilgit	farslant	
13	= *aϑ	= *aϑ		
14	farsuᵭol-[gano	= *aϑ¹)		
15	= *aϑ	= *aϑ	= *aϑ	
16	liuth²)	= *aϑ		
17	chreah	chreach		
18	moatzouuar-[pidu	moat zoauu:̊rbi-[thu³)	mot uuarpiu	
19	= *aϑ	= *aϑ		
20	dara zo [auuandi⁴)	thara zoa uuandi		

¹) *Das zweite* o *aus* a.
²) h *aus dem Lat. emporgezogen, s. dritte Spalte.*
³) *Rasur von i.* ⁴) *S. dritte Spalte.*

	Q	a—ϑ lateinisch	*aϑ deutsch
38, 21		Animaduersio	moates uuanti-[tha
22		cognitio	archanitha
23		intellego	farnimu
24	Are	Are *abc* Ara¹) α	arin
25	altare *AII*	altare	altares
26	Area	Are *a* Areͅ *b* Areͅ *c* [Area αϑ	flazzi
27	ubi granum	ubi (ebi *a*) granum	thar man chorn
28	triturantur *G*	trituratur	thrisgit *e*tho [chorn churnit
29	Adcommoda (amplica)	Adcomodā *a* -da *b* [Adcommodā *c* [Ad commodum [α Acomoda ϑ	za camezze
30	apta *AII*	apta *ab*α āptā *c*	cafoaren
31		utilem	pitharpen
32	Acommodatius	Adcommodatius *a*α [Adcomodatius *b* [Adcommuta-[tius *c*²)	camezlihor
33	utilius *Aff*	utilius	pitharplihor
34		Adnatare *abc* Ad [natandum α	zoa souuimman
35		natare	souuimman
36		Adnatabat	zoa souuam
37		natabat	souuam
38	Arrisit	Adrisit	chinit

¹) a *auf Rasur.* α 38, 24—42. 25 *in der Hs. zwischen* 52, 36 *und* 54,
²) *Das letzte* u *mit Rasur aus* s c.

	a	*b*	*c*	*α* und übrige Hss.
38, 21	moates uuan- [dida	moates uuandi- [tha[1])	mot zo uuantiu	notsuana *ef* [II, 314, 41,[2])
22	archanida	aruuarditha		
23	= *aϑ*	= *aϑ*		
24	= *aϑ*	= *aϑ*	aeirin	
25	= *aϑ*	altarea	alteri	
26	= *aϑ*	= *aϑ*	fleizzi	tenni *α*, *ϑ* IV, 3, 32
27	dar man. [chorn	thar man choron		
28	drisgit edo [chorn[3] [churnit	thrisgit edho [choron[4]) [chirnit		
29	za gamezze	za gamezza	zo kamezan	za gafore *α* zi ki- [uuerre *ϑ* [IV, 2, 25
30	= *aϑ*	cafoari	kimah	kafokiu ɫ kaforiu 2
31	pidarpi	pitharpan	pidarplih	
32	gamezlihor	camezlihchor	kimezlihor	farlihantlihor 1
33	pidarplihor	pidharlihᶜhor		
34	zo suuuim- [man	= *aϑ*	zo suimman	za suimmanne
35	suuuimman	= *aϑ*		suimman
36	zo suuuam	= *aϑ*		zo suam
37	suuam	= *aϑ*		
38	= *aϑ*	= *aϑ*	lahet	hlóc

---

[1]) anim. moates. aduersio. uuanditha.

[2]) *D. i.* ɪ]not[e]s uan[did]a.

[3]) edo chorn *über* churnit *und dies nach* altare, *als ob es ein lat.*
Wort wäre.   [4]) *Das erste* o *aus* i.

	Q	a—ϑ lateinisch	*aϑ deutsch
38, 39	gauisus est *Aff*	gauisus est	frao ist
40	Alienigena	Alienigena *aca* [alieñe *b*	framathi- [chunnic
40, 1	alterius generis [*GAff*	alterius generis	anthres chunnes
2	Aduena	Aduena *ac* [Adueni *b*	alilanti
3	(hospis) pere- [grinus *A*	peregrinus	piligrim
4	Accula *Gc*	Accula *ab* Acula d_1 [Accola. α [Acola *c*	lantsithileo
5	qui alienam [terram colit [*Gabd*	qui alienam [terram colit	ther framathe [ertha [niuzzit
6	Adolatur	Adulator *a* Adola- [toris *b* Adola- [tor *c*[1])α	slihteo
7	plandus	planditor *a* bl. *ba* [pranditor *c*[2])	flaehari
8	adsentatur *Leid.*[3])	adsentator	cahanganto [limento
9	Acidiatur	Acidiator *b* Accid. *a*	quelanto
10	stomachatur *Gbcd*+	estomacator	urmageo
11	Adtestatur	Adtestator *ab* [Atestatus *c*	rachari
12	testimonium dat [*Aff Aac*+	testimonium[4]) dat [(dat *fehlt c*)	cauuizzitha [gipit
13	Adumbrat	Adumbrat	scuit
14	effingit.. Fingit [*Affc* [(-et *G*)	effingit	lizzeot

[1]) Ad°lator *c*.   [2]) o < u *korr. c.*
[3]) Blanditor adulator placat adsentator A_2.
[4]) testimonium:] *ein Punkt radiert b.*

	a	b	c	α und übrige Hss.
38, 39	= *aϑ	fro ist		
40	framidichun	framadhichun-[nig	fremidi chunni	eliliut
40, 1	gandres¹)[chunnes	andhres chunnes	andreas chunnes	
2	alilandi	= a	zochumftic	
3	= *aϑ	= *aϑ		
4	lantsidileo	lantsidhilo	lantsidilo	ȴ sidilo d_1 IV, 3, 59 [lantpikenkeo α
5	der framade erda niuzzit	ther framahha erda nuzzit		
6	slibteo	litheo ²)	lideo ²)	flehari
7	plehhari	flehari		slihtari
8	gihangando[limendo	gihangando		
9	quelando	hquelando ³)		
10	= *aϑ	hlimando		
11	= *aϑ	rahchari	= b	
12	cauuizzida[gipit	cauuizzidha[gipit		
13	= *aϑ	= *aϑ	scatuit	
14	lizzot	= a		

¹) g *gehört zum Auslaut von* 38, 40.
²) *Das* s *des Anlauts in* adolator*is* *bi.
³) hqʰuelando *mit nachgetragenem* h *nach Kögel, Ker. Glossar S.* 82.

	Q	_a—ϑ_ lateinisch	*_aϑ_ deutsch
40, 15	simulat [_GAff_	simulat (+ aut [egit _b_)	zouueot
16		Adgressi	zoa cagancane
17		adorti _ac_¹)	zoa quemane
18		Adpensi	zoa cahangane
19		suspensi	zaspraitte
20		Adgredior	zoa cam
21		conor (canor _b_) [inuado (inua- [dar _c_)	cilem in cam
23		arripio inchoo [(incchoo²) _b_ [_fehlt α_)	cacrifu picrifu
24		Adfligor	cathungan
25		malis	upilu
26		oppremor _ab_ [obpr. _c_ [obprimor³) _α_	capressot pim
27		Adflictus	pithungan
28		perditus _a_ -tor _b_	farloran
29		Adfligit	thuingit
30		percutit	triffit
31		occidit	slahit
32	Afficior	Adfitior _b_ [Adfliccior _a_	thuingit
33	tedium	tediumᵇ _aα_ teᶜum _b_ [Tedit _ϑ_	unlust
34	patior _Gab_	patior	tholem
35	Alternis	Alternis	uundarlihem
36	diuersis	diuersis	missalihem

---

¹) _So St. wohl statt_ adorti _ab._   ²) _Das letzte_ o _zweiter Hand._
³) i _auf Rasur._

	a	*b*	c	α und übrige Hss.
0, 15	= *aϑ	= *aϑ		
16	= *aϑ	zo gacanga:ne[1]	zo gankante	zo gagangane
17	za quemane	zoa hqhᵘomane[2]		
18	= *aϑ	zoa ᶜªhangane	zo gahangane	= c
19	saspraitte	zaspraita		arhangane α,
				[δ I, 243, 17
20	zoa gam	= *aϑ	= *a*	zo gám
21	cilem in gam	gilem in gā		ana gā[3]
23	cagrifu	catriffu inginno		kachripfiu
	[pigritu			
24	cadungan	cadhungan	zo duingu	kauuizzinot pim
25	ubilu	ubil		
26	= *aϑ	capssot pim		farduhit pim
27	pidungan	pidhungan		kauuizinot
28	= *aϑ	= *aϑ		
29	diuuingit	= *aϑ		
30	= *aϑ	triffit edbo cazi-		
		[let		
31	= *aϑ	= *aϑ		
32	duingit	thuingin		
33	= *aϑ	= *aϑ		unlust α (suuein)
				[unlust ϑ IV, 21, 32
34	= *aϑ	= *aϑ		
35	uoundarlihem	uundarlihchem[4]	uundarlihem	uueslum
36	= *aϑ	missalihchem		

---

[1] *Ein Strich radiert.*　　　[2] *Mit Rasur aus* zoahqhuemant.
[3] conor *ist nur lat. glossiert.*　　[4] *Das erste* h *mit Rasur aus* c.

	Q	a—ϑ lateinisch	*$a\vartheta$ deutsch
40, 37	mutatis (dubiis) Aff	mutuis	uuantontem
38		Ambobus	paethem
39		utrisque	eocahuue*th*arem
42, 1	Aborret	Aborret	uuithar ruzzit
2	discrepat 2	discrepat	farscirpinot
3	dissonat 1 Ga^1bc	dissonat[1]	farlazzit
4		Argumenta	uuappi caciugi
5		studia	ilunga
6		Astutia[2]	souuepfri
7		ingenia	spahi*th*a
8	Argumentum	Argumen[3]	chraft
9	quod rei	quod[4] rei	thaz sah[]a
10	dubiae	dubia *ab* dubiam *c*	zouuifleru
11	fidem dat $Gabc$	fidem dat [[dat *fehlt c*)	calaupun gi*p*it
12	Alimentum	Alimentum	cascaft
13	uictum	uictum	pili*p*an
14	cibum $Affabc$	uel cibum	etho moas
15	Alimentum	Alimentum *ab*α Ael. [d_1 Alimenta *c*	
16	nutrimentum G	nutrimentum *a* nu-[mentum tri *bc*	zuht
17		alimentum *ab*[5]	
18	(Ampliat	Amplare	praiten
19	adcomolat A)	cotla *a* cotha *b*	zoten
20		Affecto *a* -u *bc*	lupu
21		studio	ilungu

[1]) *Statt* 2 *und* 3 *in* c manatio, *vgl.* 36. 31 f.

[2]) *Zur vorigen Glosse a.*

[3]) Argumen::] *wohl* tū *radiert c.*

[4]) q:uod, *Rasur von* o *b* qđ *c.*

[5]) *Fehlte* *O.

	a	*b*	*c*	*α* und übrige Hss.
40, 37	unantotem	uuandondem		
38	paedem	pethem	pedem	
39	eocauuedare-[mu	eocauuedramu		
42, 1	uuidar ruzzit	uuidhar ruzzit	uuidar ruzit	
2	$= *a\vartheta$	farskirbinot		
3	$= *a\vartheta$	$= *a\vartheta$		
4	uuappi [gaciugi	uuappi caziugi		adancha
5	$= *a\vartheta$	illunga		illa ϑ IV, 20, 58
6	suuuepfri		sueffri[1])	
7	spahida	souueffri		
8	$= *a\vartheta$	hchraft	craft	
9	daz sahha	thaz sahcha		
10	zuiflera	$= *a\vartheta$		
11	calaubun [gibit	calaupun gibit		
12	gascaft	$= *a\vartheta$	$= *a\vartheta$	kiscaft d_1 IV, 4, 32[2])
13	biliban	piliban		
14	edo moas	etho[3]) moas		
15			fuatar	fotar
16	$= *a\vartheta$	$= *a\vartheta$[4])	$= *a\vartheta$[4])	
17				
18	praiten	preitan	preitan:[5])	
19	zotein	zattan[6])		
20	$= *a\vartheta$	$= *a\vartheta$	$= *a\vartheta$	
21	$= *a\vartheta$	ilingu[7])	ilunga[8])	

[1]) *Korr. c².*   [2]) *Nachtrag.*

[3]) &:ho] h $<$ d *mit Rasur.*

[4]) Numentum. trizuht.   [5]) t *radiert.*

[6]) n *aus* m *radiert.*   [7]) Affectu studio. lupui. lingu.

[8]) Affectu studio lupu ilunga, *dahinter Rasur von etwa sechs Buchstaben.*

	Q	a—ϑ lateinisch	*aϑ deutsch
42, 22		Adiectus *aca*	foruuorfan
		[Adictus *b*	
24		adpositus	casacit
25		additus[1])	zoa catan
26		Adclinus *ab*	inhalthet
		[Adclini:s *a*	
		[Addimus *c*	
27		incumbens	ana hlinento
28		humilior	aotmotiro
29	Aduectus	Aduectus *ca*	pringanti
		[Aduentus *a*	
		[Auectus *b*	
30	adportatus	aportatus *ab*	tracanti
	[*Vat. 3321*	[adportatus *ca*[2])	
31	Haut procul	Aut (hAud *a*[3])) pro-	etho rumo
		[cul	
32	non longe (-ae *AII*)	non longe uel prope	nalles ferrana
	[*G A Aff A II*+[4])	[(u. p. *fehlt a*)	[etho nah
33	(Attolli (Attollere	Adtollit[5])	nimit
34	eregi	eregit	rihtit
	[*Affa*)		
35	aedifi-	edificat *a*	uuerchot
	[care	[ędificat *bc*	
36	constru-	constituit *a*	cimprot
	[ere	[construit *bc*	
	[*Aff*)		
37	Adsignat	Adsignat	zaihnit
38		tradit	salit

---

[1]) ditus *auf Rasur c.* [2]) *In a doppelt:* 42. 23 *und* 30.

[3]) h *von erster Hand zugesetzt,* d *auf Rasur.*

[4]) *Vgl.* Procul nunc longe aliis prope *AII: durch Weglassung des* [H]aut *verderbt?* nunc < non *?*

[5]) d *aus Ansatz eines andren Buchstaben a.*

	a	*b*	*c*	*α* und übrige Hss.
42, 22	faruuorfan	foruuorphan	$= *a\vartheta$	zo gauuorfan
24	gasacit	casazzit	zo gasezit	zo gaseziz
25	zo gatan	$= *a\vartheta$	zo kitan	zo gauhhot
26	inhaldet	inaldhet	zoa kihaldit	$= a$
27	ana hlinendo	ana hlimendo		ana hlinenti[1]
28	$= *a\vartheta$	odhmotiro		
29	pringandi	$= a$	zoa pringanti	zo gaforit
30	tragandi	$= a$		fartragan *α* 42. 23 [zo gatragan *α* [42. 30
31	edo rumo[2]	edho rumo	edo hrumo	nalles fer
32	nallas ferrana [edo nāh[3]	nalles ferrana [edho nah		nalles rumo
33	$= *a\vartheta$	hnimit	$= *a\vartheta$	
34	$= *a\vartheta$	$= *a\vartheta$		
35	$= *a\vartheta$	$= *a\vartheta$		
36	cimbrot	zimprot		
37	$= *a\vartheta$	$= *a\vartheta$	zeihnit	
38	$= *a\vartheta$	$= *a\vartheta$		

[1]) hl *auf Rasur.*
[2]) *Darunter Rasur von* nimit rihtit (42. 33 f.).
[3]) *Der Strich für Zirkumflex von* *O?

	Q	$a-\vartheta$ lateinisch	$*a\vartheta$ deutsch
44, 1	restituit $AffA$	restituit ab Rest. α	casazta
2		Artat	pitoat
3		concludit	piluhit
4	Adtrectat	Adtrectat	clochot
5	tangit	tangit	hrinit
6	palpat $Affb$	palpat $a\alpha$ polpat b	foalaccit
7		Adsumit[1])	antnimit
8		presumit	antfahit
9		usurpat ac -bat b	catursticot

[1]) Adsum:::t b.

	a	b	c	α und übrige Hss.
44, 1	$= *a\vartheta$	$= *a\vartheta$		arsazta
2	$= *a\vartheta$	$= *a\vartheta$	pitoet	
3	$= *a\vartheta$	piluhchit		
4	$= *a\vartheta$	hchochot		hrinit
5	$= *a\vartheta$	$= *a\vartheta$		
6	$= *a\vartheta$	foalazzit		crifit
7	$= *a\vartheta$	ennimit	nimit	
8	$= *a\vartheta$	infahit		
9	gat'stico	$= *a\vartheta$		

Nachträge und Berichtigungen
zur Darstellung der Sprache des deutschen Abrogans
Beitr. 55, 321—76.

––––––

§ 12. 4.   Außer *hartiro* und *surira* hätten (laut § 35. 1) auch *crimmira* abc 26. 36 und *aotmotiro* ab 42. 28 angeführt werden können.

§ 22. 3 a.   Ein weiteres *th* ist aus *edo* a 32. 36 (mit $d < t$) zu erschließen.   Zu *anatho* 28. 12 vgl. § 11. 2. d.

§ 22. 4 f.   *cotchundlih* gehört zu § 26. 2.

§ 25. 3.   Es fehlt *arbes* ab 16. 3.

§ 32. 5 a.   Der Satz ‚So möchte ich …‘ gehört hinter das folgende Petitstück.

§ 33. 1 b.   Nachzutragen sind *alti* a 30. 18 und ab 30. 20, desgl. unter 3 *alti* ab 30. 12.

––––––